頭がいい人の思考術

日本一やさしい

ロジカル
シンキング

伊庭正康
Iba Masayasu

ビジネス教育出版社

はじめに

■ロジカルな人と非ロジカルな人の違い

　本書を手に取られたあなたは、物事を「ロジカル」に考えるのが苦手な人かもしれません。少なくとも、「ロジカルシンキング」に対して、何らかの苦手意識を持っていることは間違いないでしょう。

　でも大丈夫。本書はそんなあなたのためにあります。ロジカルシンキングは、決してむずかしいものではありません。ちょっと勉強すれば、誰もがそのスタートラインに立つことができます。

　そして、使えば使うほど、ロジカルシンキングのスキルはどんどん向上していきます。ですので、ぜひ肩の力を抜いて本書を読み進めてみてください。読み終えた頃には、きっと違った景色が見えてくることでしょう。

　さて、そもそも「ロジカルでない人（非ロジカルな人）」には、どのような特徴があるのでしょうか。シンプル

に表現すると、それはズバリ、「経験則で発想してしまう」ということです。

　つまり、**非ロジカルな人はあらゆる物事に対し、自分が「見たもの・触れたもの」などからしか発想しない**ため、客観的な視点や広い視野をふまえた判断ができません。その結果、周囲からも「なんでその結論になったの？」と思われてしまうのです。

　たとえば、「最近、会議室が満室なことが多いです。どうしましょう？」という状況になったとしましょう。非ロジカルの人は「前に外部の会議室を使ったことがあるので、そこを借りませんか。値段も安いです」などと答えてしまいます。

　もちろん、それも一つの方法です。しかし上司としては「いや、それもいいけど他の案はないの？」「複数の案を検討した上で、それが最も良い答えと言えるの？」などと思わざるをえません。費用もかかるし当然でしょう。

　このように、非ロジカルな人が行った発想は、相手の納得を引き出せないことが多いのです。

一方でロジカルな人は、「本当にそれだけなのか？」「他の方法はないか？」などと、多面的に考えて判断しようとします。経験則はあくまで参考程度です。

　たとえば会議室が満室なら、「ムダな会議が増えていないか？」「８人部屋を２人で使っていたり、時間超過したりなどのルール違反がないか？」「会議室以外のところではダメなのか？」などと、さまざまな可能性を探求します。

　そのようにさまざまな仮説を立てつつ、調査を経るなどして課題を設定し、選択肢を出し、現状を踏まえたうえで対策を選定していきます。そのようにして、経験則以上の結論を得られるよう工夫しているのです。

図0-1　ロジカルな人と、非ロジカルな人の違い

＼ あなたは、どちらに近い？ ／

いつも、会議室が満室

✕　非ロジカルな対策

会議室が不足しているので
外部の会議室を契約しませんか？
貸し会議室を使ったのですが、
とても便利でしたよ！
➡経験則で発想

●　ロジカルな対策

仮説を立て、事実を確認
・ムダな会議はないか？
・8人部屋を2人で使っているようなことはないか？
　（部屋割りに問題はないか？）
・利用時間に偏りはないか？

課題を設定
・部屋割を変えた方がよさそうだ。

選択肢を出す
・可動式にする方法はどうだろう？
・少人数部屋を増やすのはどうだろう？

対策を選定

費用対効果を考え、
少人数部屋を増やすのは、
いかがですか？
➡多面的に検証

つまりロジカルな人は、あらゆる方法を検討し、現状分析を経て、その結果としての最善策を導き出しています。具体的には、「ルールの厳守」「予約システムの活用」「部屋割りの変更」など、現状の問題点を解決する方策を提案することとなります。そうすると、上司としても納得しやすくなるのです。

〈ロジカルな人とそうでない人の特徴〉

・ロジカルでない人の特徴：経験則で物事を判断してしまう

・ロジカルな人の特徴：経験則は参考程度にし、さまざまな方法を検討する

■ロジカルな人は「問題解決の手順」を知っている

　このように、ロジカルな人の思考プロセスは、一見長いように感じるかもしれません。しかしこうしたプロセスも、ロジカルシンキングという"思考の回路"を身につければ、誰でも瞬間的にできるようになります。

　実は、流れは単純です。「問題」「課題」「解決策」

の流れで考えるだけ。この手順は、本書の内容をマスターとすることで、誰でも現場で使えるようになります。

　一度ロジカルな思考の回路を通してしまえば、自然とロジカルシンキングできるようになります。それはあたかも、中学生の頃、英語学習で「文法」をマスターしたときのように、一度覚えると使いこなせるようになるのです。

　要するに**ロジカルな人とは、頭の良い人ではなく、問題解決の手順を知っている人**のことなのです。むずかしく感じるのは最初だけです。ぜひ、この手順をもとに、ロジカルシンキングを使えるようになりましょう。

図0-2　ロジカルな人とは…

ロジカルな人とは、頭の良い人ではない。
問題解決の"手順"を知っている人のことである。

　私自身、ロジカルシンキングに出合ったのは20代の後半でした。それまでは経験則で物事を考えており、典型的な"非ロジカル"な人間だったのですが、ロジカルシンキングを身につけてからは考え方が１８０度変わりました。

　一例を挙げると、営業でチームを組んで活動していたときもそうでした。「営業目標の達成が厳しい。対策を考えよう」とみんなで話し合いをした際、「みんなで早朝に集合してポスティングをするしかないですよ！」などの意見にすぐ同調していました。

　それで必死になってポスティングをするのですが、一週間が経っても反響はゼロ。残ったのは「やりきった！」という充実感だけ。結果的に、成果はゼロでした。これはまさに、非ロジカルな思考と行動の典型例と言えるでしょう。

　そうこうしているうちに、あるとき上司から「伊庭君は頑張っているけど、いつもバタバタしてるよね」と言われてしまいました。私が反論すると「でも、君がやることは筋道が読めてないから」と言われたので

す。

　その言葉がどうしても気になってしまい、自分を変えるべくあれこれ考えながら、出合ったのがロジカルシンキングでした。ただ、どの本を読んでもむずかしかったので、マスターするまで時間がかかってしまいました。

　きっとあなたも、かつての私と同じような感覚を持っているのではないでしょうか。けど、誰もが最初は苦労するため、問題ありません。むしろ本書は、そうした苦労をできるだけ軽減するべく、工夫してまとめています。

　そして、本書の内容をマスターしたあとは、私がロジカルシンキングを身につけたときのように、「問題」「課題」「解決策」へとシンプルに導けるようになるでしょう。

■本書で学ぶことは２つだけ！

　第一章でも詳しく解説していますが、本書で提示し

ているロジカルシンキングのテクニックは、たったの
２つだけです。

（ア）ロジックツリー

（イ）問題解決の３ステップ

　これら２つのテクニックを学ぶだけで、ロジカルシ
ンキングが使えるようになります。これ以外のことは、
とりあえず忘れてもらって構いません。

　もちろん本書には、「MECE」などの専門用語も少
しだけ登場しますが、そのエッセンスさえ覚えておけ
ば大丈夫です。わかりにくい「帰納法」や「演繹法」
などは出てきません。ご安心ください。

　そのため、「論理」「数式」などが苦手な人でも心配
無用です。私自身、高校時代に３８点の赤点をとった
ことがあるほど数学は苦手でした。そんな私でもマス
ターし、今では大手企業でロジカルシンキングを教え
ているのですから、誰でもやれば必ずできます。

　ところで、私が最後まであきらめずにロジカルシン

キングを身につけられたのは「かっこいい人になりたい」という目標があったからだと思います。

　リクルートにいたとき、ロジカルシンキングを実践していた人が、とてもかっこよく見えたのです。学びはじめたきっかけは悔しさだったかもしれませんが、続けられた理由はやはり憧れです。

　英語がペラペラ喋れる人を「すごい！」と思うのと同じです。とくにビジネスにおいては、ロジカルシンキングができる人はかっこいいのです。

　ですので、ぜひあなたも本書でロジカルシンキングをマスターしてください。そして、ロジカルシンキングができるかっこいいビジネスパーソンへの一歩を、ともに踏み出していきましょう。

CONTENTS

ロジカルシンキング
は難しくない

①なぜ、ロジカルでないといけないのか？

　第一章では、あらためてロジカルシンキングの基本について確認していきましょう。まずは、「ロジカルシンキングとは何か？」「どうすれば使えるのか？」などを、全体的にざっくり理解するところからはじめていきます。

　あまりむずかしく考えることなく、最初のうちは「そんなものかな」と思っていただければ十分です。ぜひ、肩の力を抜いて、ロジカルシンキングの全体像をゆっくり把握していきましょう。

　さて、ロジカルシンキングの具体的な定義に入る前に、「そもそも私たちはなぜ、物事をロジカルに考える必要があるのか？」について考えてみましょう。

　「はじめに」でも述べていますが、本書を手にとった方の多くは、かつての私のように物事をロジカルに考えるのが苦手かと思います。まさに前述の「非ロジカルな人」ですね。

　だとしたら、上司からこう言われて、困ることはないですか。

- 「他にはなかったの？」
- 「本当にそう言い切れるの？」

　おおむね、この２つの質問の前に玉砕されることは少なくないものです。

　どんな学習でもそうですが、具体的な目標がないと、なかなか身に付かないものです。「どんなシーンで活用できるようになりたいのか」そんな実践をイメージした動機づけが重要なのです。

　ですので、本書を読み進める前に動機づけを確実にすることによって、今後の学びをより深められるようにしておきましょう。

　それでは、いくつかのポイントに分けて、「ロジカルシンキングを身に付けるメリット」について見ていきます。

　１つ目は、「やるべきことを絞りやすくする」ことです。

　とくに現代では、誰もが時間に追われています。あ

なた自身もそうかと思いますが、限られた時間の中で
より良い決断をするよう迫られているはずです。それ
ができないと、仕事が増えたり終わらなかったりしま
す。

　特に変化の激しい時代においては、論理的に物事を
考えて、適切に優先順位をつけながら進めていかなけ
ればなりません。やはり、経験則だけで効率化を目指
そうと考えるのは、どうしても無理があります。

　そこで、ロジカルに考えることが大切です。ロジカ
ルに考えることで、自分も周囲も効率的に仕事を進め
られるようになります。だからこそ忙しい現代人には、
その前提となるロジカルシンキングのスキルが不可欠
と言えます。

　たとえば、「売上を向上させるにはどうしたらいい
か？」という課題があったとき。「訪問件数を増やす」
「稼働時間を延ばす」など、チーム全員でがむしゃら
に働くのも一つの方法です。

　ただ、それが本当に最適な方法と言えるのでしょう
か。過去はその方法で通用したとしても、変化の速い

状況では歯が立たないことも多いものです。結局のところ結果を出せないため、残業が増えてしまったり、モチベーションが下がってしまったりなど、マイナスの効果を及ぼす可能性もあります。それでは本末転倒です。

　では、そうならないようにするにはどうしたらいいでしょうか。まずは現状を把握し、どこに売上が低迷している原因があるのかを探りながら、取り組むべき課題を抽出し、具体的な対策を考案するなど、正しい手順で最適解を導き出していくべきです。

　現状を把握し、問題と課題をきちんと分析しなおせば、そこから打つべき手もピックアップできるようになります。その中で優先順位をつけ、最も効果的だと思われる手段を選択すれば、より多くの成果を得やすくなるのです。

　このような発想が身に付いているかどうかで、得られる成果は大きく変わります。限られた時間の中で得られる成果を最大化させるには、こうした戦略、つまり合理化・効率化のための思考法が欠かせません。そ

れこそまさに、ロジカルシンキングの力なのです。

　2つ目のポイントは、「変化の速い時代においてチームを動かしやすくなる」ことです。

　今は「上司の言うことだから従う」といった単純な構造ではありません。チームを動かすためには誰もが納得できるロジカルな見立てと仕立てがないと、とても人を動かすことはできないでしょう。

　例えば、われわれを直撃したあのコロナ禍を思い出してもそうです。今までのやり方とガラリと変えることになりませんでしたか。ガラリと変えるには「何かを捨て、何かに集中する」といった決断が伴います。

　決断が遅れるとどうなるでしょう。「周囲は早く決めてくれ」と思うはず。でもそれができなかったリーダーは多くなかったですか。

　一方でイチ早く決断したリーダーもいました。「何を捨て、何に集中させる」かを迅速にシミュレーションしていたのです。

　これこそがロジカルシンキングの効果です。

　もちろんコロナ禍のような非常事態だけではありません。

　「急に忙しくなった」「人が採用できず仕事がまわらない」「ライバル企業が値引きしてきた」等。

　常に想定外の逆風にさらされるものです。

　イチイチ不安がっていてはリーダーは務まりません。

　そのときに重要なのは、ロジカルシンキングなのです。想定外の逆風が吹いたとしても整理すればやるべきことはシンプルになるものです。

　そのようにしてはじめて、より説得力のある指示ができるようになります。チームをまとめたり、組織を動かしたりする場合には、ロジカルに手順を踏んでいくことが求められます。

　とくに、プレイヤーのときは結果を出せていたのに、管理職になってから苦しんでいる人ほど、ぜひロジカルシンキングを身に付けてみてください。苦しんでいる理由は自分の経験則で対策を立ててしまい、その結果として成果が出せず、そのために人がついて来ない状況に陥っているからかもしれません。ロジカルシン

キングを習得すれば「何をするべきか？」「どう指示を出すべきか？」などが見えてきます。

　最後に、３つ目のポイントとして挙げられるのは、**「出口の見つからない、複雑な問題でもアッサリ解決できる」**ことです。

　とくに新規事業などにおいては、十分なデータが揃っていることはなく、また、ヒントになるような情報も少ないため、間違えた対策をずっと講じてしまっていることは少なくないものです。そのときに、物事をロジカルに考える力がないと、ムダな努力を繰り返してしまう可能性があります。

　私自身の例で考えてみましょう。

　過去に成果報酬型の求人サイトの責任者をしていたときのことです。この事業モデルは１人の人材の採用が決定すると企業から紹介料をいただくというものでした。当時は世の中にないまさに新しいモデルだったのです。当時のわたしは、責任者として結果を出すことに追われており、それまでの掲載料をいただく求人

広告事業のモデルをトレースするように、ひたすら掲載先の企業を増やすことに力を入れていました。

その求人サイトは成果報酬型だったこともあり、「掲載数先の企業を増やせば、そのうち数％は勝手に採用が決まり、自動的に売上がチャリンチャリンと入るはずと考えてのことです。とにかく結果を求める責任者の発想としては、割とよくある話なのではないでしょうか。

努力の甲斐もあり、やがて私たちは目標の１万件を達成することができました。もちろん、これも一つの成果であると捉えていた私は、「あとは自動的に売上がついてくるだろう」と楽観的に考えていたのです。

しかし、いつまで経っても収益が伸びていきません。おかしいなと思いながら、上司からも問い詰められ、悩み、私はひたすら「なぜだろう？」と考えていました。

どうしても理由がわからないため、私はネット型ビジネスに精通している人に相談しました。すると彼は、当然のような顔をしてこう答えたのです。「理由は簡

単です。えこひいきしてないからですよ」。

　そのときは「どういうこと！？」と驚いたのですが、よく話を聞いてみると、「そのサイトは、掲載企業は多いけど数字が伸びていないんですよね。つまり現状の問題は、掲載している求人から人が決まる率、つまり採用率が低いことにあります。だから、採用率を向上させるという課題に着手する必要がある。そのためのシンプルな対策が、採用に慎重な企業の掲載はお断りし、人を積極的に採用してくれる企業をえこひいきすることなんです」とのことでした。

　たしかに、いくら求人企業を集めても、あるいはそれらの企業を目当てにした応募者がたくさんいても、採用に至らなければ意味がありません。つまり、企業や応募者はもちろん、私たちも含めて誰も得をしない状態です。

　その現状を変えるには、あらためて現状を分析し、「採用率」に着目した上で、採用してくれる企業に特化するべきだったのです。まさに彼は、ロジカルに考えてこうした発想を導いていたのでした。

　つまり彼は、ロジカルシンキングの使い手だったのです。そこには、現状の問題を冷静に見つめ、課題を発見し、そこから解決策を探るという手順がありました。だから「えこひいきする」という適切な対策をすぐに思いついたのでしょう。

　一方で私は、経験則から「とにかく求人をたくさん集めればいい」とだけ考えてしまっていたのです。しかも、その成功体験を頑なに信じていたこともあり、現状を冷静に分析し、軌道修正できませんでした。

　不可解な状況でも、きちんと現状把握をしなおせば、打開策は見えてきます。そのときに必要なのは、ロジカルに考えて答えを導き出すこと。それが、現状を冷静に分析して軌道修正できる人のスキルなのです。

　以上のようにロジカルシンキングを覚えると出口の見つからない問題であっても、以外とアッサリと対策を打てるようにもなります。当然、どんなビジネスの現場でも大いに役立つことでしょう。それだけでなく、スピードを求められる中においては短期間で多くの成果を得やすくなるといった大きなメリットも見逃せま

せん。

　だからこそ、ロジカルな発想を身に付けることが大切です。ぜひこの段階で、ロジカルシンキングを身に付けるための動機づけを、確固たるものにしておいてください。それがあなた自身の学びを深めることにつながります。

②そもそもロジカルシンキングとは

　それではいよいよ、ロジカルシンキングの中身に迫っていきましょう。

　現段階では、「ロジカルシンキング」や「論理的に考えること」について、漠然としたイメージを持っている人も多いかと思います。もちろん、誰もが最初から明確なイメージをもっているわけではありません。ですので、少しずつ学んでいけば問題ありません。

　とくにここでは、正しいロジカルシンキングの定義を理解することに努めてみてください。むずかしく考えるとシンプルな理解ができなくなってしまうため、

その効果や用途を中心に把握するようにしてください。

　さて、そもそもロジカルシンキングとは、具体的に
どのようなものなのでしょうか。ロジカルシンキング
の正しい定義について確認しておきましょう。

　いろいろな人がそれぞれに定義しているかもしれま
せんが、よく見かけるのは、次のような表現です。

　「物事を体系的に整理して、矛盾なく考える思考法」

　これはたしかに、これは正しい定義です。キーワー
ドは「体系的に整理」「矛盾なく考える」などですね。
それらを実現できれば、ムダのないシンプルかつ論理
的な発想ができそうな気がします。

　ただし、上記のような定義では、ロジカルシンキン
グによって「何ができるのか？」「どんな利点がある
のか？」については、なかなかイメージしにくいので
はないでしょうか。また、具体的なやり方も想像でき
ません。

　そこで本書では、ロジカルシンキングの本質を踏ま

えたうえで、よりシンプルかつ明確な言葉を使い、次のように定義しておきしょう。

「あらゆる要素から検討した上で、ベストな策を考える方法」

　これが、ロジカルシンキングの本質をあらわす定義です。そして、この定義からわかるロジカルシンキングのポイントは２つあります。

　１つ目は「あらゆる要素からヌケモレなく検討する」ということです。

　これは、考えうるすべての要素をピックアップし、それぞれをきちんと検討することを意味します。思いつきで行動するのではなく、現状を分析してあらゆる要素をピックアップし、それらをきちんと検討することが基本となります。

　このような発想は、後述する「MECE（漏れなくダブリなく）」に通じる考え方です。とくに本書で紹介している「ロジックツリー」や「問題解決の３ステップ」に

は、MECEが非常に重要となります。

2つ目は「ベストな策を考える」ことです。

ロジカルシンキングは、整理して考えるだけではありません。最終的には、最も望ましいと思われる策を考案できるのが強みです。だからこそ、具体的な打ち手が不可欠となるビジネスで大いに役立つ思考法なのです。

もちろん、重要なのは"ベストな策"であること。そのためには、あらゆる要素を丁寧に抽出し、それらを一定の指標で評価しながら、ベストだと思われる対策を導き出していくことが不可欠です。

図1-1　ロジカルシンキングの定義

ロジカルシンキングとは何かを理解すれば、
難しくはない

●ロジカルシンキングの定義

旧来の定義

物事を体系的に整理して、
矛盾なく考える思考法のこと。

チョット
わかりにくい…

本質

あらゆる要素から検討した上で、
ベストな策を考える方法。

スッキリ

　このように、ロジカルシンキングをわかりやすく定義し直してみると、「できること」「やるべきこと」が見えてきます。繰り返しになりますが、あらゆる要素から検討し、その上でベストな策を考えるのがロジカルシンキングの基本です。

　ですので、まずはこの定義を覚えるようにしてください。暗記するというよりは、行動習慣として「あらゆる要素から、ベストな策を考える」ことを、ぜひ意識してみてください。それが、普段の行動も変えていきます。

　これだけで、ロジカルシンキングの基礎的な理解はOKです。知ってみると、意外に簡単だと思われた人も多いのではないでしょうか。そうです。ロジカルシンキングは決してむずかしいものではありません。

③ロジカルシンキングのスゴい効果

　ここであらためて、ロジカルシンキングの効果について整理しておきましょう。物事を論理的に考えられ

るようになると、どのような利点が得られるのでしょうか。

　まず、あなたのパフォーマンスを飛躍的にアップさせることは間違いありません。

　その効果には、大きく2つのレベルがあります。

・レベル1：合理的な思考ができるようになる
・レベル2：斬新な発想ができるようになる

　それぞれについて掘り下げてみましょう。

　レベル1の「合理的な思考」とは、ロジカルシンキングによって分析力が向上し、問題解決の筋道が立てやすくなることを示しています。まさに、これまでに見てきたようなロジカルシンキングの利点ですね。

　よりビジネス向けに表現すると、次のような効果が期待できます。

・問題解決能力の向上（経験則の脱却）
・生産性の向上（ムダが無くなる）

・提言力の向上（納得度の向上）

　「問題解決能力」は、これまで述べてきた経験則からの脱却を意味します。目の前の問題に対し、経験則で考えて行動するのではなく、冷静に分析することで適切な対策を考案していくことが、論理的かつ合理的な問題解決につながります。

　また「生産性の向上」については、やはりムダが無くなるという点が大きいです。効率的な仕事を阻害している要因の大半は、ムダです。その点、ロジカルシンキングによってムダを排除できれば、自ずと業務は効率化されていきます。

　さらに「提言力の向上」については、分析の正確さと、提案等における説得力の強化がポイントです。とくに「問題」「課題」「対策」という３つの手順を踏みながら、目の前の問題に取り組んでいくこと、分析にも提案にも磨きがかかっていきます。

　このように、ロジカルシンキングの有用性は、レベル１の段階でも十分に示せると思います。そのため本

書では、とくにこの点から、ロジカルシンキングをできるだけシンプルにマスターしてもらう方向で進んでいきます。

　では、レベル２の「斬新な発想」とはどのようなものなのでしょうか。本書においては、この点について"補足的"に学んでいきます。具体的には、第三章のコラム①（ロジックツリーを使ってイノベーティブに発想する方法）で詳しく解説しています。

　その中身は、ロジックツリーを使うことによって、自分が考えてもいなかったような斬新な発想ができるようになることが主眼となります。つまり、ロジカルシンキングを応用することで、イノベーティブなアイデアを生み出せるようになるのですが、意外と知られていないテクニックです。このパターンを覚えると劇的に革新的な発想を得られるようになります。

　これはロジカルシンキングの発展的な活用法です。そのため、まずはレベル１の合理的な思考を身に付けるべく、ロジカルシンキングをマスターしてみてください。

図1-2　ロジカルシンキングのメリット

ロジカルシンキングの習得は、
あなたのパフォーマンスを飛躍的にアップさせる。

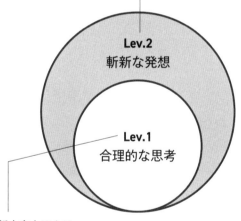

ロジックツリーを使うことで、
自分が考えてもいなかった斬新
な発想が出るようになる。

Lev.2
斬新な発想

Lev.1
合理的な思考

分析力向上により、
問題解決の筋道を立てやすくなる。

・問題解決能力の向上（経験則の脱却）
・生産性の向上（ムダが無くなる）
・提言力の向上（納得度の向上）

その効果によって、あなたのパフォーマンスは飛躍的に向上します。もちろん、それは仕事上だけでなく、普段の生活においても同様です。そこにロジカルシンキングを身に付ける大きなメリットがあるのです。

さらに、ロジカルシンキングには２つのレベルの活用法があり、それぞれにパフォーマンス向上の効果があることも、なんとなく知っておいてください。そうすることで、ロジカルシンキングの活用法により幅と厚みが加えられていきます。

④ロジカルシンキングを実践するにはこの２つだけ覚えればOK！

ロジックツリーを学んでも使いこなせないといった人が多いのも事実です。確かにロジカルシンキングの本を読むと覚えることも多そうで、また１つ１つのテーマが難しくも感じてしまうもの。でも安心して下さい。仕事で使うロジカルシンキングは、それほどは難しくありません。

もし現時点で「むずかしそうかな……」「自分には

ムリかな……」と思っている人がいたら、ぜひあきらめないでください。**なぜなら本書には、他の類書にはないとっておきの工夫がなされている**からです。

　「はじめに」でも述べているように、その工夫とは、**ロジカルシンキングに必要なテクニックをわずか"2つのみ"に絞って紹介していること**。しかも、この2つのテクニックさえマスターすれば、誰もがロジカルシンキングの使い手になれると言っても過言ではありません。

　その2つのテクニックとは次のとおりです。

（ア）ロジックツリー

（イ）問題解決の3ステップ

　第二章と第三章で詳しく解説していますが、ロジックツリーとは、情報をモレなく、ダブりなく分解した階層構造のことです。1つの項目を枝分かれするかたちで分類していき、階層を揃えながら要素を抽出していきます。

定義を振り返ってみると明らかなように、ロジカルシンキングとは、「あらゆる要素から検討した上で、ベストな策を考える方法」のことでした。このうち、ロジックツリー（図1-3）を作成することで、「あらゆる要素から検討」が可能となります。要するに、ロジカルシンキングの"前半部分"はほぼクリアできるのです。

図1-3　ロジックツリーの例

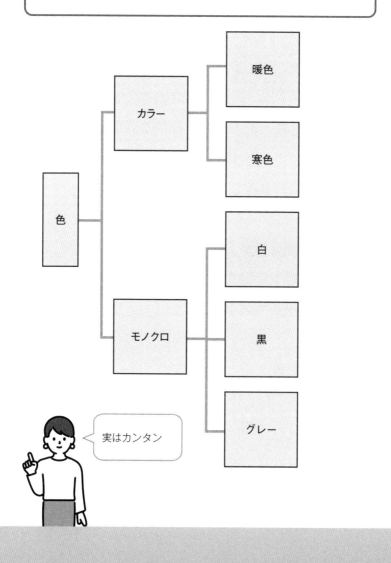

また、問題解決の３ステップとは、ロジカルシンキングを活用しながら、文字通り３つのステップを経て問題を解決するためのテクニックです。察しの良い方はすでにおわかりのように、これによって定義の後半「ベストな策を考える」ことが可能となります。

　詳しくは第四章と第五章で解説していますが、ここで簡単に３ステップの内容をチェックしておきましょう。具体的には、次のような３つの手順があります。ロジカルシンキングは、これらを順番に行っていきながら問題解決を目指します。

Step１. 問題を特定する

Step２. 課題を特定する

Step３. 対策を考える

　この流れを知っているだけでロジカルな打ち手を講じられるようになるのでやらない手はありません。

　まずStep1の「問題を特定する」とは、現状をきちんと分析した上で「何が問題になっているのか？」を

明らかにする手順です。闇雲に行動するのではなく、まずは冷静に現状を把握することが大切です。

　次のStep2の「課題を特定する」では、対策を考える前に「何を解決すべき」なのかを考えます。いきなり対策を考えてはいけないのです。

　対策を考えるのは課題を特定してからです。

　そして最後はStep3の「対策を考える」。

　ここでは取り組むべき課題に向けて、ベストだと思われる対策を選定しています。特定の指標を設けて、複数の候補から選ぶことにより、最適なものが導きやすくなります。

　以上が、問題解決の３ステップです。この時点では難しそうに思われたかもしれませんが、ご安心下さい。これから学ぶロジックツリーを使えば問題はありません。それぞれの手順を、ロジックツリーを描きながら進めていくイメージです。

　このように、「ロジックツリー」と「問題解決の３ステップ」に絞り込むことで、本書では、過去に挫折してしまった方でもロジカルシンキングを習得できる

ように構成しています。

ですので、ぜひ最後まであきらめることなく取り組んでいただければ幸いです。もちろん、まずはロジックツリーを理解するだけでも構いません。

その後で、ロジックツリーを用いて問題解決の３ステップに着手してみてください。きっと、「ロジカルに考えるとはこういうことか」「これで論理的な説明ができそうだ」などの実感を得られることと思います。

ちなみに、最終章となる第六章では、ロジックツリーと問題解決の３ステップを用いて、普段の仕事に役立てるためのコツを紹介しています。具体的には、「話す」「書く」「提案する」「ファシリテーション」などのシーンを解説しています。

せっかく身に付けたロジカルシンキングも、やはり実践で活かせなければ意味がありません。どれほど素晴らしい思考法や発想法も、それを実地で役立てられなければ宝の持ち腐れです。

そこで本書では、二本柱であるロジックツリーと問題解決の３ステップを学んでいただいた後、その学習

成果を現場ですぐに活かせるように、第六章での解説
を加えています。短時間でマスターしていただければ、
それこそ明日から使うことが可能です。

　それでは前置きはこのぐらいにしておいて、次章か
ら、まずは「ロジックツリー」について学んでいきま
しょう。

実は簡単！ ロジックツリーには、「パターン」があった！

①ロジックツリーとは

　第二章と第三章では、ロジカルシンキングの２つの
テクニックのうち、「ロジックツリー」について詳し
く解説していきます。本章を通じて、ぜひロジックツ
リーを描けるようになりましょう。

　まずは、基本的な知識について確認していきます。

　そもそも**ロジックツリーとは、「情報をモレなく、
ダブりなく分解した階層構造」**のことです。言い換え
ると、「必要な情報をすべて集めて、図で整理したもの」
です。実際に実物を見てみましょう。

***

図2-1　ロジックツリーとは何か

情報をモレなく、ダブりなく分解した階層構造を
「ロジックツリー」と呼ぶ。

●ロジックツリー
階層を揃えることがルール。

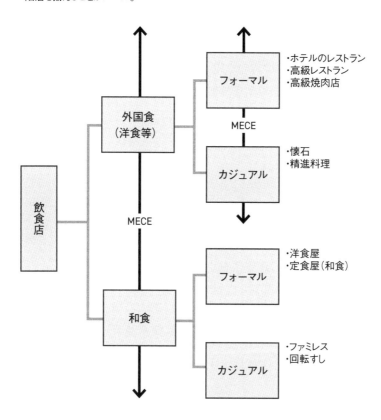

もし「飲食店の種類をすべて挙げて下さい」と言われたとしましょう。経験則で思い出しながら「うどん屋」「ラーメン屋」と並べるだけだと偏りが出るはずです。しかし**ロジックツリーを使えばあたかも"穴埋め問題"に解答するように経験則を超えて列挙することができます。**

　図を見てもらうとわかるのですが、ここでは「飲食店」について分類しています。「飲食店」という項目を大きく「外国食（洋食等）」「和食」に分けてから、それぞれ「フォーマル」「カジュアル」に分類しています。

　さらに、外国食のフォーマルに関しては「ホテルのレストラン」「高級レストラン」「高級焼肉店」などが挙げられています。同様にカジュアルでは「ファミレス」や「洋食屋」が、和食のフォーマルは「懐石」「精進料理」、カジュアルは「回転すし」「定食屋（和食）」などが並んでいます。

　このように、階層を揃えて枝分かれ式に情報を分析していくと、「飲食店」にどのような種類のものがあるのかがわかり、その結果、「さて、この種類にはど

んな店がある？」と精査できるようになります。あた
かも穴埋め問題のように列挙できるというわけです。

　しかもロジックツリーの場合、分類した要素を図形
化しているため、視覚的にもわかりやすく工夫されて
います。この図を見てもらえば、「飲食店」の全体像
がすぐにイメージできます。

　そして、抽出された要素を比較し、何らかの指標を
もとに最適解を選択することで、より正しい客観的な
判断がしやすくなります。そこに、ロジカルに物事を
考えることの基本的な姿勢が含まれているのです。

　これがロジカルシンキングの基礎であり、非常に重
要なテクニックです。そのため、ぜひ本書を通じてロ
ジックツリーをマスターするようにしてください。心
配はいりません。むずかしいと感じるのは最初だけで
す。

　練習を重ねながら、少しずつ感覚を養っていきま
しょう。

　**さて、ロジックツリーの基本ルールには、大きく２
つのポイントがあります。具体的には、次の２つです。**

・MECEで要素を出す

・階層を揃える

　この2点をマスターすることによって、誰でも適切なロジックツリーを描けるようになります。それぞれの内容について、次項から詳しく学んでいきましょう。

②MECEの概要

　ロジックツリーにおける2つのポイントのうち、1つ目は「MECEで要素を出す」についてです。これは、ロジックツリーの要素を出す際には「モレなく、ダブりなく」が基本であることを示しています。

　その理由は、致命的なモレがあると効果的な対策を講じられず、またダブりがあるとムダな対策を実施することになってしまうためです。そのようなモレやダブりを防ぐための考え方がMECEです。

　さて、この場合のMECEとは、そもそも英単語の略語なのですが、具体的には次の言葉を組み合わせたも

のです。それぞれの単語を覚えるというよりは、意味
を理解するようにしてください。

・Mutually（互いに）

・Exclusive（排他的な〈重複しない＝ダブらない〉）

・Collectively（集合的に〈全体に〉）

・Exhaustive（徹底的な〈モレがない〉）

図2-2　MECEとは

ロジックツリーの要素を出す際、「モレなく、ダブリなく」
が基本。致命的なモレがあると効果的な対策を講じられ
ない。重複があると「無駄対策」することにもなる。

●MECEの基本（＝モレなく・ダブリなく）

＊MECE	Mutually 互いに	Exclusive 排他的な	Collectively 集合的に	Exhaustive 徹底的な

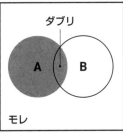

モレあり　ダブリあり

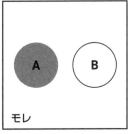

モレあり　ダブリなし

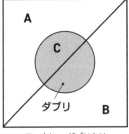

モレなし　ダブリあり

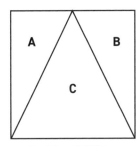

モレなし　ダブリなし

　よりわかりやすく表現すると、「互いに」「ダブらず」「全体として」「モレがない」という意味になります。そのため、MECEはよく「モレなくダブりなく」などと表現されます。この方が覚えやすいかと思います。それでOKです。

　では、ここで簡単なテストをしてみましょう。次の３つの文章が、それぞれMECE（モレなくダブりなく）になっているかどうか考えてみてください。あくまでもポイントは「モレがないか？」「ダブりがないか？」の２点です。

Q1　東京から大阪に行くには、

　新幹線か飛行機か、それとも格安航空（LCC）がオススメです。

Q2　東京から大阪に行くには、

　なんだかんだ言っても、新幹線と飛行機しかありません。

Q3　東京から大阪に行くには、

　ゆっくり行く、速く行く、もしくは日帰りで行く方法があります。

いかがでしょうか。この段階で「何か違和感がある
な……」「何か気持ち悪いな……」と思えたら上出来
です。その違和感や気持ち悪さこそ、モレやダブりが
生じている証拠です。そこから、どこに問題があるの
か見つけていくことが大切です。

　では、答え合わせをしてみましょう。

　まず、**Q1については、どうやらモレもダブりもあ
るようです。**たとえば、そこには「バス」などの自動
車等が含まれていませんし（モレ）、また、飛行機と格
安航空（LCC）は重複しています（ダブり）。

　次に**Q2については、モレが発生しています。**Q1の
ような重複はないのですが、同じように「バス」など
の自動車等が含まれていません。つまり、すべての候
補を挙げられていないため、モレがあるといえます。

　最後に**Q3ですが、こちらは明確にダブりが発生し
ています。**「ゆっくり」や「速く」というのはスピー
ドのことですが、そこに「日帰り」という別の要素が
入っているため、「スピードに関わらず日帰りは可能」
というダブりが生じているのです。

図2-3　MECEクイズ

●MECEかどうか？（モレあり？ダブりあり？）

Q1　東京から大阪に行くには、新幹線か飛行機か、
　　それとも格安航空（LCC）がお勧めです。

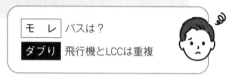

| モ　レ | バスは？ |
| ダブり | 飛行機とLCCは重複 |

Q2　東京から大阪に行くには、
　　なんだかんだ言っても、新幹線と飛行機しかありません。

| モ　レ | バスは？ |

Q3　東京から大阪に行くには、ゆっくり行く、速く行く、
　　もしくは日帰りで行く方法があります。

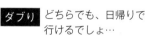

| ダブり | どちらでも、日帰りで行けるでしょ… |

このクイズは簡単に思われたかと思いますが、仕事の現場ではよくあるケースです。「売上を上げるには契約件数を増やすしかない」「人を増やすには若手採用と専門職採用がベスト」といったようにロジカルシンキングを知っている人が見ると違和感だらけの会話は少なくありません。

　だからこそ、モレやダブりをチェックしながら、MECEになっているかどうかを精査し、必要な要素を抽出していきます。それがロジカルシンキングの基本であり、ロジックツリー作成のポイントです。

③MECEに分類するための４つの　切り口

　では、どうすればモレなくダブりなく、必要な要素をすべてピックアップできるようになるのでしょうか。ここでは、「MECEに分類するための４つの切り口」を紹介していきます。具体的には次の４つです。

・対照的な要素を出す

・算数の式で分ける

・時系列に並べる

・尺度で並べる

　1つ目は、「対照的な要素を出す」です。たとえば、「国内と海外」「外部と内部」「個人と組織」など、対になる概念をイメージすることで、必要な要素をピックアップしていきます。

　先程の例でいうと「ゆっくり」と「速く」はスピードという観点で対になっています。ただ、そこに「日帰り」という要素が入ると、双方が対になっておらず違和感が生まれます。

　2つ目は、「算数の式で分ける」です。これには、「掛け算型」と「足し算型」があります。たとえば、全社の営業利益（営利）を出すには「Aの営利＋Bの営利」などの足し算で求められます。同様に、「全社売上×営業利益率」という掛け算でも求められます。

　このように、1つの要素を足し算や掛け算でとらえ

図2-4　MECEに分類するための4つの切り口

MECEの切り口を覚えておくと、
思考のスピードが速くなる。

●MECEの切り口

1 **対照的な要素を出す**

・要素が2つなので簡単

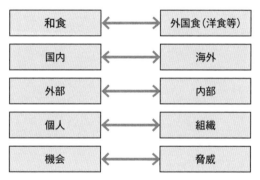

2 **算数の式で分ける**

・掛け算式、足し算式がある

ることで、必要な要素を抽出できることもあります。
ある要素を分解する際に、「これは足し算で分解できないかな？」「これは掛け算で表現できるぞ」などと考えてみると良いでしょう。

　3つ目は、「時系列に並べる」です。その名の通り、ある事象をプロセス（時系列）で分解していくことによって、その中身を明らかにしていく手法です。「流れ」や「手順」などと表現しても良いかもしれません。

　たとえば電話営業であれば、「電話数」「アポイント数」「商談数」「契約数」などとプロセスで分解できます。そこから、それぞれの数値を把握することで、どこを改善すればいいのかが見えてきます。

　4つ目は、「尺度で並べる」です。分析する対象をそのまま分解するのではなく、何らかの尺度を軸に分解していく方法です。アンケート調査などでは、この手法がよく使われています。

　代表的なものとしては、「年齢」「年収」「売上」などが挙げられます。これらは要素が“一直線”になっており、それぞれの尺度（レベル）で分けることができます。

3 時系列に並べる

・プロセス（時系列）で分ける

*掛け算型にもできる

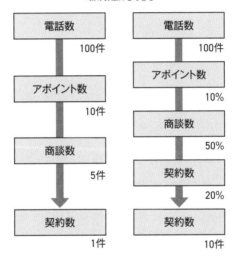

4 尺度で並べる

・年齢や年収、売上など、要素が一直線になっているものは
尺度で分けられる。

30歳未満	売上（大）…○万以上
30〜39歳未満	売上（中）…○万以上
40歳以上	売上（小）…○万未満

そのようにして、要素を段階的に細かくするのです。

　これら４つの切り口を使い分けることで、モレなくダブりなく要素を分解できます。もちろん、その都度「モレがないか」「ダブりがないか」をチェックする必要はありますが、まずは分けてみることが大切です。

　また、これら４つのうち、最初からどれを使うべきなのかは判断できなくても問題ありません。最初のうちは「こっちがいいかな」「やはりこっちかな」などと試行錯誤しながら、フィットする切り口を見つけるようにしましょう。

　MECEをマスターするには、実際にこれらの切り口で分けてみながら、感覚を養っていくことが大切です。違和感や気持ち悪さをよく確認しながら、まずは分類してみて、その都度調整していきましょう。

④「階層を揃える」とは

　次に、ロジックツリーにおける基本ルールの２つ目、「階層を揃える」について見ていきましょう。

ロジックツリーの概念でちょっとむずかしいのが、この「階層」の部分かと思います。事実、階層をうまく揃えられないために、ロジックツリーを適切に描けないという方も少なくありません。

　もちろん、最初のうちはそれで問題ありません。誰もが練習をしながらコツをつかんでいくものです。ですので、最初からロジックツリーを上手に描けなくても心配する必要はないと認識しておきましょう。

　ところで、「階層」とはどのようなものなのでしょうか。ここで少しだけ掘り下げて考えてみましょう。端的に表現すると、階層は「レベル」や「水準」などと表現できますが、「同じ種類」「同じ仲間」というイメージでも間違いではありません。

　そのため「階層を揃える」というのは、言い換えると「同じ仲間を集めて並べる」こととなります。ですので、階層が揃ってないと思われる場合は、同じ仲間を集めて並べることに注力してみてください。

　たとえば「飲食店」の例で見てみると、「外国食」「和食」は「どの国の料理か」という視点で同じ仲間です。

つまり「飲食」という同じカテゴリーのうち、「海外」か「日本」かという"国レベル"で分類しているわけです。

　また、「フォーマル」「カジュアル」というのは、「形式・様式」の点で同じ仲間であることがわかります。対象となる飲食店が、コンセプトとして「かたい」のか「ゆるい」のかといったレベルで分類しています。

図2-5　ロジックツリーとは何か（再掲）

> 情報をモレなく、ダブりなく分解した階層構造を
> 「ロジックツリー」と呼ぶ。

●ロジックツリー

階層を揃えることがルール。

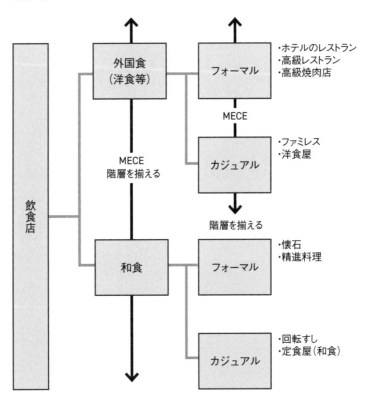

　このように、階層を揃えるというのは、同じ仲間(レベル、水準、種類)を集めて、並べるのがポイントです。その点、階層が揃っているかどうかの確認は、「これらは同じ仲間といえるだろうか？」などと考えてみるようにしてください。

　もっとも、たとえ階層が揃えられていたとしても、次のようなモレやダブリがある場合はMECEになっておらず、正しいロジックツリーではありません。

　この場合、外国食のところを「洋食」としてしまうと韓国料理や中華などが含まれておらず、そうなると「高級焼肉店」などの要素がヌケ落ちてしまう可能性があります。また「外国食」「和食」の並びに「人気の業態」など、余計な要素が入ると「回転すし」は「和食」にも「人気の業態」にも登場してしまいダブってしまいます。

図2-6　注意したいロジックツリーのモレとダブリ

●ダメなロジックツリー

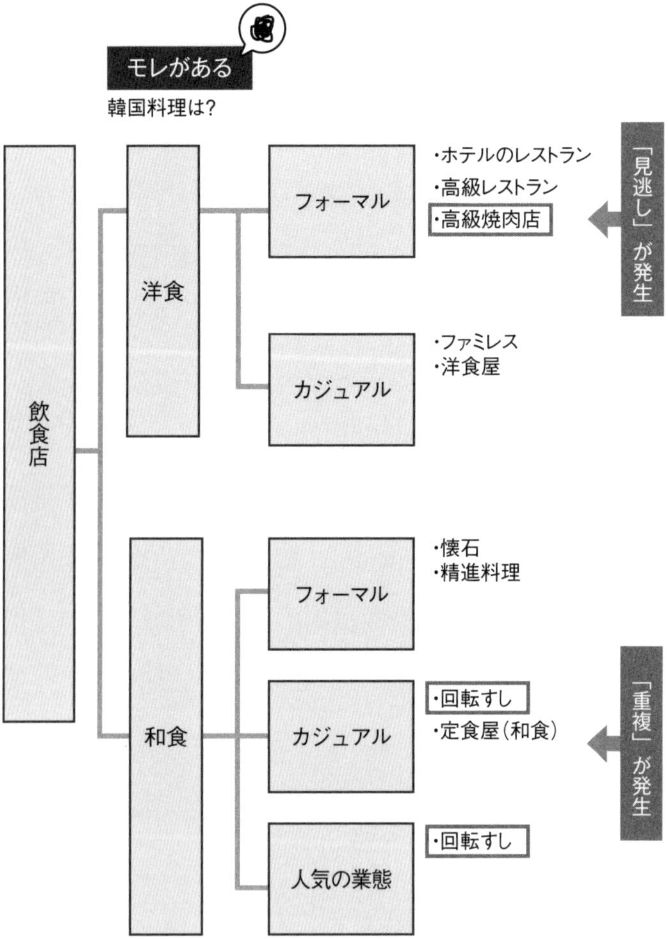

モレがある

韓国料理は?

- 飲食店
  - 洋食
    - フォーマル
      - ・ホテルのレストラン
      - ・高級レストラン
      - ・高級焼肉店 ← 「見逃し」が発生
    - カジュアル
      - ・ファミレス
      - ・洋食屋
  - 和食
    - フォーマル
      - ・懐石
      - ・精進料理
    - カジュアル
      - ・回転すし
      - ・定食屋(和食) ← 「重複」が発生
    - 人気の業態
      - ・回転すし

　このように「MECE」と「階層を揃える」ことは、ともに実現できてこそ正しいロジックツリーとなります。ですので、どちらの視点からも適切な図になっているかどうかを確認し、精査していきましょう。

　それでも、自分ではモレ、ダブリ、階層のズレに気付くのが難しい場合もあります。その点をクリアできないために、ロジカルシンキングがなかなか習熟できない方もいます。「何かおかしい」と気付ければOK。

　たとえば、動物を分類しようとして要素を出したとき、同じ階層が「哺乳類」「鳥類」「爬虫類」「両生類」「魚類」「カエル」となっていたらどうでしょうか。すぐに「違和感がある！」と思えるでしょうか。

　大切なのは、同じ仲間や種類でないものが混ざっていると気づけること。とくにこの場合は、生物の"分類"で階層化しているのにもかかわらず、個体としての「カエル」が混じっています。つまりそれが違和感のもとになります。

　階層という発想で考えると、カエルは本来「両生類」という分類に含まれます。それが同じ階層（レベル）と

して並べられているからこそ、「何かおかしいな？」と感じます。

　ですので、ここではカエルが、"大きなくくり（種類）"の中から飛び出しているという認識をもつようにしてください。このような違和感がある状態を、私は「カエル問題」と呼んでいます。

　カエル問題が生じているうちは、階層が揃えられていないと考えてみてください。そうすれば、階層を揃える感覚が得やすくなります。そのうえで、同時に「モレなくダブりなく」もチェックしていきましょう。

⑤ロジックツリーの３パターン

　では、より上手かつ的確に階層を揃えるにはどうすればいいのでしょうか。この段階で「ちょっとむずかしいかも……」と思っている方も、心配いりません。本書では、具体的なテクニックとして「階層を揃える３つの方法」を紹介しています。

　MECEで要素を出す方法は４つでしたが、こちらは

３つだけで大丈夫です。まずは、この３つを覚えるようにしてください。

（ア）Whatツリー／要素分解ツリー（Whatで揃える）

（イ）Whyツリー／原因追究ツリー（Whyで揃える）

（ウ）Howツリー／イシューツリー（Howで揃える）

　使い分けとしては、それこそ「料理をするときの包丁」のように、それぞれに用途があります。とくに「Whatツリー」は何でも切れる“万能包丁”なので、まずはこれだけ覚えてもらうだけでも構いません。

　では、具体的な内容について見ていきましょう。

　１つ目は「Whatツリー／要素分解ツリー」です。これは「What（なに）」で要素を揃える方法です。使うシーンとしては、問題の発生箇所を特定するべく、要素を分解していく際に用います。

　例を挙げてみましょう。「離職者数が過多」という問題があった場合、目標は10％なのですが現状は30％なので、この問題が発生している箇所を特定するべく、

Whatツリーで要素を分解していきます。

　仮説として「若者が多く辞めているかもしれない」という印象があったのなら、「入社年」でわけてみるといいでしょう。ここでは「3年未満・3年以上・10年以上」の３つに分類しました。

　次に、それぞれの「職種」で分類します。社内に「職種A・B」がそれぞれあると仮定して、入社年ごとに分類したものをさらに職種でわけていきます。そうすると、どこに離職率の問題があるのかが見えてくるのです。

　事例では、「入社3年未満の職種A」の離職率がとくに高く、人数も多いため、ここに問題があることがわかりました。ちなみに、WhatツリーにおけるMECEのカタチは「足し算型」になるので、覚えておきましょう。

図2-8　ロジックツリーの種類1

> 3種類のロジックツリーの「使い分け」と「作り方」を
> 確認しておく。

種類

1　Whatツリー（要素分解ツリー）　　問題の「発生箇所」を特定する際に使う

問題の発生箇所を特定するためには、まず要素を分解すること。
その際に使うロジックツリーが、「Whatツリー（要素分解ツリー）」である。

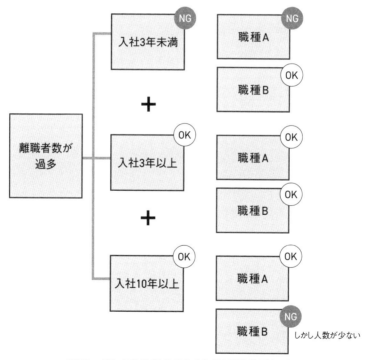

※WhatツリーにおけるMECEのカタチは「足し算型」になる。

次に、2つ目の「Whyツリー／原因追究ツリー」について見ていきましょう。こちらは「Why（なぜ）」で要素を分けていく方法となり、主にあるテーマに対する「原因究明」に使います。

　Whatツリーで問題の箇所が明らかになったので、今度はWhyツリーで「なぜ」を積み重ね、原因を究明していく流れです。このような過程を経て、問題をさらに掘り下げていきます。

　たとえば先程の「入社3年未満の職種A」の場合、「入社3年未満の職種Aの離職率が多い要因」というテーマを掲げ、「なぜ」と問い、そこから仮説として「採用数が増えている？」「離職率が増えている？」などと分けていきます。

　分けられた項目についてさらに「なぜ」と問うと、「応募数の増加？」「合格率の上昇？」と分類できたり、「組織の問題？」「個人の問題？」などと分類できたりします。こうして原因が掘り下げられていきます。

　とくにWhyツリーの場合、MECEのカタチは「足し算型」と「掛け算型」の両方があります。ただ、ビ

ジネス上のテーマの場合、その多くは「規模」や「率」に問題があることが多く、掛け算型だと追究しやすくなります。

　図の事例では、「組織の問題」から「ハード面の組織設計（上司が業務過多）」「ソフト面の社風（会話の文化がない）」という原因を導き出し、アプローチするべきポイントを追究しています。

　このようにして抽出した要素を比較検討し、解決志向で考えていくと、取り組める（実行可能な）課題のうち、とくに効果的だと思われるものとして、最終的に「会話の文化がない」へと絞り込むことができます。

図2-9　ロジックツリーの種類2

2 Whyツリー （原因追究ツリー）　　 問題の原因追究に使う

問題の発生箇所がわかれば、次は問題発生の原因を特定するステップ。
その際につくるのが「Whyツリー」。MECEのカタチは「足し算分解」「掛け算分解」の両方。多くの場合、「規模」か「率」に問題があることが多く、掛け算型だと追究しやすくなる。

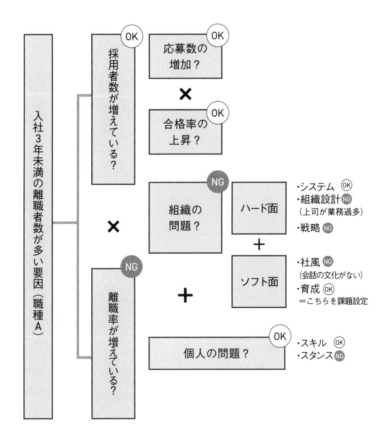

3つ目の「Howツリー／イシューツリー」です。

これは「How（どのように）」を考えて分類していく方法であり、「問題の発生箇所の特定」「原因究明」を経て、具体的な対策を考えるための手法です。まさに「どうやって問題・課題をクリアする？」という発想です。

Howツリーでとくに重要なのが、思い込みや経験則に引っ張られずに"あらゆる可能性を考える"ことです。それがより良い対策を検討する上で非常に重要となります。そうすることで、最も望ましい対策を講じることが可能になるからです。

ちなみにHowツリーにおける**MECEのカタチ**は、**Whatツリーと同じく「足し算型」になるので覚えておきましょう**。

たとえば、先程の例で挙げた「会話の文化をつくる」をHowツリーで分類してみます。すると、まずは「会話の場面」として「定期的な場」や「日々の習慣」などの大きなくくりで分類できます。

そこからさらに、それぞれを細かい頻度で分類していきます。たとえば「定期的な場」は「年」や「半年・

四半期」で、「日々の習慣」は「月」「週」「毎日」などに分類できるでしょう。

　あとは、それぞれ具体的にどのような方法があるのかをピックアップしていきます。このように分類していくと、次のようにさまざまな場面や頻度に応じた、会話の文化醸成のための手法があることがわかります。

〈年に1回〉

・キックオフイベント

・エンディングイベント（表彰）

〈半年・四半期に1回〉

・成功情報共有会（研修会）

・実行度のモニタリング

〈月に1回〉

・成功情報共有会（研修会）

・実行度のモニタリング

〈週に1回〉

・1on1面談の実施

・チームミーティング

図2-9　ロジックツリーの種類3

種類

3　Howツリー（イシューツリー）　[問題の解決に使う]

問題発生の原因を究明できれば、次は「Howツリー」で具体策を考える。
あらゆる可能性を考えることが、良い対策を考える上では重要となる。
MECEのカタチは「足し算型」になる。
※右に伸ばすほど、具体化する。

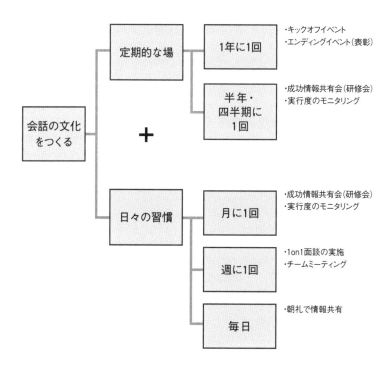

〈毎日〉

・朝礼で情報共有

　以上のように「ＭＥＣＥで要素を出す」「階層を揃える」という２点を押さえておけば、適切なロジックツリーが描けるようになります。ポイントをしっかりと意識し、つくり方や考え方の基本を身に付けておきましょう。

　こうすることでアレもコレもやるのではなく最も合理的な解決策を見いだすことができるのです。

総合演習①
ロジックツリーを
作ってみよう

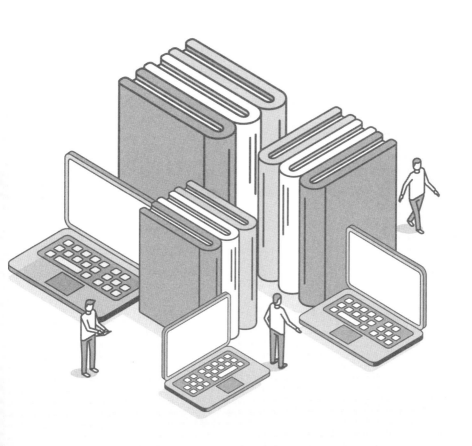

①トップダウンアプローチと
ボトムアップアプローチ

　第三章では、ロジックツリーの「実践編」というこ
とで、実際にロジックツリーを作成する際の手順やコ
ツ、具体的なテクニックについて紹介していきます。
ぜひ本章を通じて、ロジックツリーのつくり方をマス
ターしておきましょう。

　前提として、ロジックツリーを作成する方法は大き
く２つあります。それは、「トップダウンアプローチ」
と「ボトムアップアプローチ」です。

・トップダウンアプローチ

　モノゴトを要素ごとに分解していく方法。（第２章で学
　んだMECEに分ける４つの切り口）

・ボトムアップアプローチ

　要素を出した後、グルーピングする方法。

　このうち、**基本となるのはトップダウンアプローチ**

です。まずは、トップダウンアプローチでどんどんロ
ジックツリーをつくってみてください。その上で、ど
うしても要素ごとに分解できない場合などに、ボトム
アップアプローチを使うようにしましょう。

図3-1　ロジックツリーの作り方

ロジックツリーを作成する方法は2つ。
基本はトップダウンアプローチ。要素を出すのが
難しい時は、ボトムアップアプローチを使う。

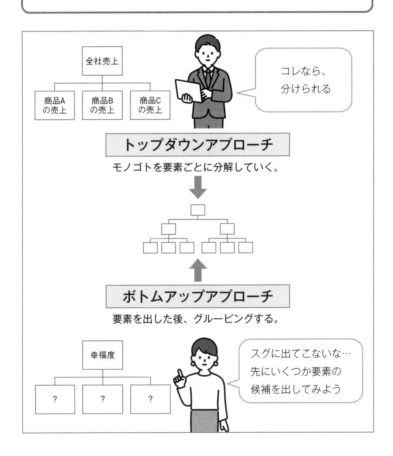

　たとえば、「全社売上」というテーマでロジックツリーをつくる場合を考えてみます。要素ごとに分解すると、「商品Aの売上」「商品Bの売上」「商品Cの売上」などに分けられます。このように、あるテーマを上から分解していくのがトップダウンアプローチです。

　一方でボトムアップアプローチは、トップダウアプローチがむずかしい場合や、ロジカルシンキングの発展編として斬新な発想をしたいときなどに使います。

　たとえば「幸福度」といった抽象度の高いテーマになると、そこに含まれるものの種類がすぐには出てこないのではないでしょうか。そのような場合には、「健康」「安心」「友達」「家族」「趣味」「仕事」など、ひたすら項目を出してみてください。

　そのようにして、出した項目をあとからグルーピングしてみましょう。そうすることによって、まさに「ボトムアップ型」でロジックツリーを作成することができます。ボトムアップアプローチの詳しい活用法については後述していますので、そちらもあわせて参考にしてください。

さて、これらの手法においては、いずれもMECEを意識する必要があります。モレなくダブりなく要素を抽出できているかどうか、きちんとチェックするようにしてください。それがすべての基本となります。

　とくにトップダウンアプローチで要素ごとに分解していく場合は、すでに解説している「対照的な要素を出す」「算数の式で分ける」「時系列に並べる」「尺度で並べる」のうち、使えるものをどんどん使っていきましょう。

図3-2　トップダウンアプローチのやり方

ロジックツリーを作成する際、この分け方を活用
できることが最大の鍵。
（ロジックツリーが苦手な人は、ここができないのが原因）

●MECEの切り口を使って作成する

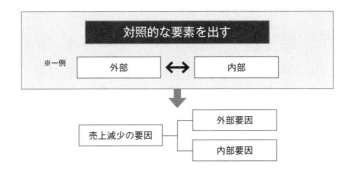

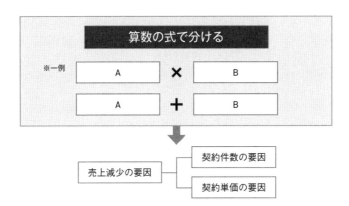

図3-2　ロジックツリーの作り方

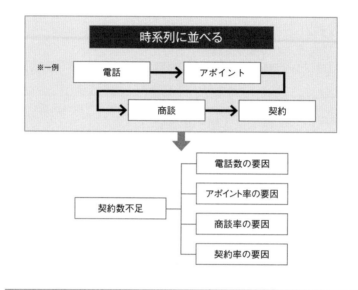

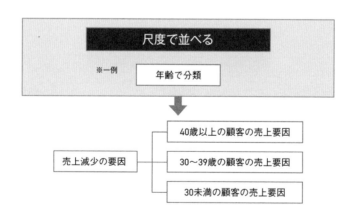

　最初のうちは、使いやすいものからで構いません。MECE（モレなくダブりなく）を実現できるよう、ご自身が分けやすいと思う方法を選択し、きちんと分離できるまで練習してみてください。やはり繰り返しが大事です。

②トップダウンアプローチで　ロジックツリーを作成する方法

　それではさっそく、トップダウンアプローチでロジックツリーを作成する練習をしてみましょう。まずは、2つの演習を通じて要素を分類することに慣れてみてください。

（ア）演習1：要素を分けるロジックツリー

　「旅行」というテーマを設定した場合に、次のような要素を使って要素を分けてみましょう。「その他」は複数回利用OKです。不足する要素については、自由に増やして補ってください。

・国内旅行

・アメリカ旅行

・アラスカ旅行

・ロンドン旅行

・海外旅行

・京都旅行

・その他

図3-3 【演習1】

> まずは、レベル1！「要素を分けるロジックツリー」
> を作成してみよう。

●Lev1　要素を分ける

下記の要素（カード）を使って、
旅行の種類を分けてみよう。

※「その他」は複数回利用OK
※不足する要素は、自由に要素を増やして補ってください

| 国内旅行 | アメリカ旅行 | アラスカ旅行 | ロンドン旅行 |

| 海外旅行 | 京都旅行 | その他 |

| 旅行 |

それでは正解例を見てみましょう。

まずは、大きく「国内旅行」と「海外旅行」に分けられます。そこから、それぞれ「欧州方面」「北米・南米方面」「その他」や「東日本」「西日本」などと分岐し、その先に個別の旅行先が分類されていきます。似たようなロジックツリーができましたでしょうか?

〈欧州方面〉

・ロンドン旅行

・その他

〈北米・南米方面〉

・アメリカ旅行 (→アラスカ旅行、その他)

・その他

〈東日本〉

・東京旅行

・その他

〈西日本〉

・京都旅行

・その他

図3-4 【演習】回答

> まずは、レベル1！「要素を分けるロジックツリー」
> を作成してみよう。

●Lev1　要素を分ける

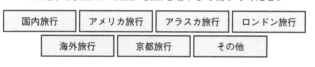

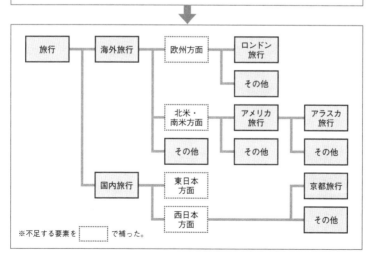

（イ）演習２：要素を考えるロジックツリー

　次に、少し難しいかもしれませんが、Lev2にも挑戦です。「営業利益を増やす」というテーマで考えてみましょう。今度は、あらかじめすべての要素がピックアップされています。不足する要素は補わずに、下記の要素のみで作成してみてください。

　できなくてもOKです。

・売上UP

・商談数

・契約単価UP

・契約数UP

・契約率

・高単価商品を増やす

・変動費の削減（変動させられる）

・１契約あたりの商品数

・固定費の削減（変動させられない）

・コスト削減

図3-5 【演習2】

では、レベル2！「要素を考えるロジックツリー」を
作成してみよう。

●Lev2　要素を考える

下記の要素（カード）を使って、
営業利益を増やす要素を整理！

※不足する要素は補わずに、下記の要素のみで作成を。

| 売上UP | 契約数UP | 契約率 | 商談数 | コスト削減 |

| 高単価商品を
増やす | 1契約あたり
の商品数 | 変動費の削減
（変動させられる） | 固定費の削減
（変動させられない） |

営業利益を
増やす

いかがでしょうか。それでは正解例です。

　まず、大きなくくりとして「売上UP」と「コスト削減」を置いています。

　そのうち「売上UP」については、大きく「契約数UP」と「契約単価UP」が入り、それぞれさらに「商談数」「契約率」「高単価商品を増やす」「1契約あたりの商品数」などと分類していきます。

　次に「コスト削減」に関しては、「固定費の削減（変動させられない）」と「変動費（変動させられる）」などに分類できます。

図3-6 【演習2】回答例

> では、レベル2！「要素を考えるロジックツリー」を
> 作成してみよう。

●Lev2　要素を考える

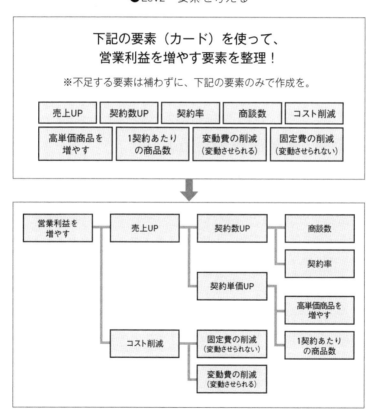

まずは、Lev1からでもOK。「要素を分ける」こと
からスタートし、どのように分類できるのかを繰り返
し練習してみてください。

　そのようにして発想の"引き出し"が増えていくと、
スムーズに「要素を考える」「要素を分ける」ことが
できるようになります。最初はなかなかうまくいかな
いかもしれませんが、ぜひ根気強く取り組んでみま
しょう。わからないことがあれば、解説に戻って内容
を確認してみてください。

③演習：業務改善のための
　ロジックツリーを作成してみよう

　次に、ゼロからロジックツリーをつくる練習をして
みましょう。テーマは「会社の業務改善」です。その
ためにはまず、会社の「業務（業務が多い現状）」を分解
していく必要があります。さて、どのようにつくって
いけばいいでしょうか。

（ア）よくある失敗例

　最初の段階でつまずいてしまう人の多くは、「業務」というテーマに対し、"経験則"で次々に要素をピックアップしてしまいます。基本的に、最初から経験則で要素をピックアップするのはNGだと考えてください。

　経験則で考えてしまうと、たしかにいくつかの要素は出てくるのですが、まとまりのあるロジックツリーにはなりません。その理由は、非ロジカルな考え方によくある「モレ」や「ダブり」が出やすいからです。つまりMECEにならないのです。

　これはいわゆる「ボトムアップアプローチ」のやり方です。ボトムアップアプローチは、あくまでも補助的な手段として捉え、はじめのうちはまずトップダウアプローチで要素を出すようにしましょう。

図3-7　よくある失敗例

最初から経験則で要素をピックアップするのはNG

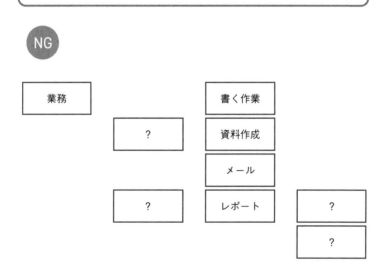

※"経験則"で要素をピックアップするのは
「ボトムアップアプローチ」のやり方
はじめのうちはまず「トップダウンアプローチ」で
要素を出すようにしよう。

（イ）正しいやり方

　トップダウアプローチを実施するべく、大きな要素からピックアップするようにしましょう。たとえば「業務」を対照的な要素で出してみると「社内業務」と「社外業務」とに分けることもできます。

　このうち、「社内業務」にはどのようなものがあるでしょうか。1日の仕事を時系列で整理すると「朝礼」「メール作業」「打ち合わせ」「レポート作成」と分けることもできるでしょう。大きな要素を小さく分解していくイメージです。

　そこから「書く作業」については、「書類作成」「メール」「レポート」などがあるというように、必要な項目をピックアップしていきます。このような手順で進めていくと、ロジックツリーを描きやすくなり、かつMECEも実現できるようになります。

図3-8　正しいやり方

> ますはMECEの切り口で要素を出してみる

Step1

・トップダウンアプローチで考える
・どんな要素でもOK。ここではまずは対照的な要素で出してみた。

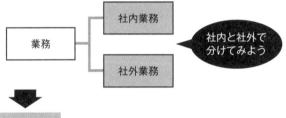

Step2

・さらに、トップダウンアプローチで考える
・ここでは、時系列に並べてみた

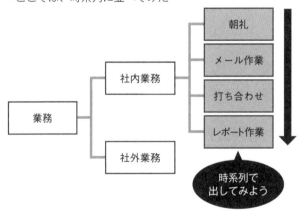

（ウ）正解例

　大きな要素からピックアップし、さらに分類していきながら整理していくと、MECE（モレなくダブリなく）に基づいたロジックツリーをつくれるようになります。もちろん、階層にも注意してください。

　正解例としては、図3-9のようなロジックツリーです。「業務」という項目が、上から順番に分解されていき、最終的には個別の作業にまで落とし込まれているのがわかるかと思います。

　しかも、モレなくダブリなく要素をピックアップしつつ、それぞれを同じレベルで階層化しているため、業務全体をロジカルに見渡すことができます。これが、ロジックツリーの本来のかたちです。

図3-9　正解例

さらにトップダウンアプローチで分類して
いきながら整理していくと、MECE（モレなくダブりなく）
に基づいたロジックツリーをつくれるようになる

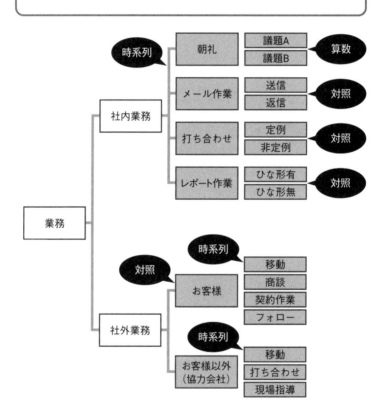

あらためて手順を確認してみましょう。

最初は、大きなグループをつくります。この段階ではざっくりでも構いません。同じ仲間を集めながら必要な要素を検討していきます。MECEにおける4つの方法を思い出しながら、使えるものを使っていきましょう。

次に、大きなグループに所属する要素を段階的に分解していきます。業務の場合、普段の仕事をイメージしてみるとわかりやすいかと思います。ここでも、MECEや階層に注意してください。

さらに、モレやダブりがないかを検討し、足りないところを適宜補います。必要に応じて並び替えたり、階層を整えたりしながら微調整を加えましょう。最初から完璧を目指すのではなく、あとから手を加えていくのでも構いません。

以上がロジックツリーをつくる際の大きな流れとなります。おおよそのイメージがつかめましたでしょうか。全体の流れさえわかれば、思考の過程を追いやすくなります。そうして、ロジカルな考え方も身に付い

ていくのです。

　大切なのは、これらの過程できちんと違和感に気づけることです。慣れてくれば、「この要素が欠けているな」「この2つはダブっているな」などがわかってくるようになります。そこまで練習を重ねてみてください。

　もっとも、最初から厳密にMECEを追究する必要はありません。まずは、ロジックツリーに慣れることを目標にしていけばOKです。何度も取り組んでいくうちに、自然とコツをつかめるようになります。

④応用編：ボトムアップアプローチについて

　これまでにも見てきたように、ロジックツリーの作成は基本的に「トップダウンアプローチ」で行います。そうすることで、モレなくダブりなく要素を抽出・分類でき、ロジカルな発想がしやすくなるからです。

　一方で、すでに述べているように、「ボトムアップアプローチ」にも使い道はあります。とくに思考のト

レーニングをする際や、質問の"粒度"が大きい場合には、ボトムアップアプローチでどんどん要素を出し、あとからまとめるのも一つの方法です。

　一例を挙げてみましょう。

　冒頭でも取り上げた「幸福度」について考えてみると、人によって「健康」「家族」「仕事」など、さまざまな要素が挙げられます。これらの要素を分類し、総合すると、その人ならではの「幸福」を知るヒントになります。

　最初からトップダウンアプローチで追究すると迷宮入りしがちですが、次々に要素を出しながら方向性を見極めていけば、そのうちに「自分にとっての幸福」が見えてくるのではないでしょうか。それがボトムアップアプローチの良い点です。

　また、「円満な夫婦」というテーマで考えてみると、「コミュニケーション」「相互理解」「価値観の合致」「互いの尊重」など、必要な要素が見えてくると思います。これもまた、その人にとって必要なものを知るためのきっかけになるでしょう。

このように、問いの粒度が高いからこそ、ボトムアップで要素をどんどん出していく方法が良い場合もあります。基本的にはトップダウンアプローチを使用しつつ、状況に応じてボトムアップアプローチも活用してみてください

　具体的な手順をまとめておきましょう。次のようになります。

〈ボトムアップアプローチの流れ〉
Step１．ランダムに要素を出す
Step２．グルーピング
Step３．MECEに並べてみる
Step４．検証する
Step５．MECEで再整理

図3-10　ボトムアップアプローチのやり方

> トップダウンアプローチは、ある程度の知識が前提となる。全く知識がない場合は、ボトムアップアプローチで考える。

●ボトムアップアプローチの手順

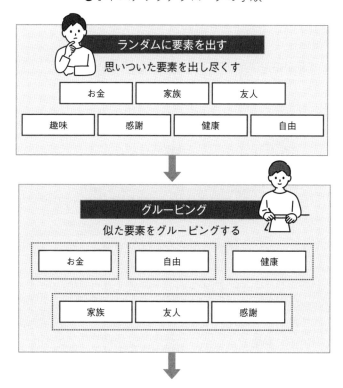

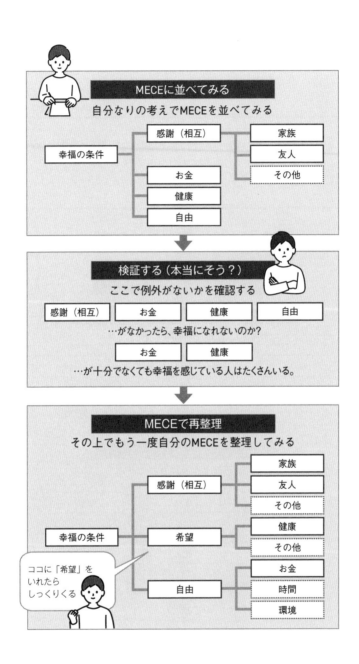

　このようにボトムアップアプローチも、使い方に
よって大いに役立ちます。とくに、**悩みや迷いを抱え
ている人は、いきなりトップダウンアプローチで考え
るのではなく、あえてボトムアップアプローチで検討
してから、はじめてみるのも良いでしょう。**

　そこで抽出された要素には、その人なりの「大切に
したいもの」「必要だと思うもの」が含まれています。
だからこそ、ボトムアップアプローチによって、悩み
や迷いが言語化できる可能性があるのです。

　もちろん、ボトムアップアプローチで思考する際に
はノートに書き出すなど、実際に手を動かすようにし
てください。言語化し、見える化することで、抽象的
なモノゴトがよりクリアになっていくことでしょう。

　ただし、**ボトムアップアプローチでつくられたロ
ジックツリーはMECEになりにくいケースも多々ある
ため、必ずあとから"検算"をするようにしてください。**
その際には、自分でチェックしつつ、人に聞いてみる
のもオススメです。

　つまり、「このロジックツリーはMECEになってい

るか？」「階層は揃えられているか？」などの点について、さまざまな角度からチェックしてみるのです。そうした確認をしておけば、ロジックツリーの精度も自然と高まります。

ロジックツリーを使って
イノベーティブに発想する方法

　ここからはロジックツリーの応用編を紹介します。実は、**ロジックツリーを使うと、イノベーティブな発想をすることも可能**となります。使い方としてはイレギュラーですが、斬新なアイデアを生み出したいときには有効なので、ぜひチェックしてください。

　たとえば、「旅行」というテーマをトップダウンアプローチで分類してみましょう。すると、まず「海外」「国内」などに分類できます。そこからさらに、国や地域へと分類していくのが普通のやり方です。

　一方で、イノベーティブに発想したい場合は、「あえて上の階層を増やしてみる」ことにチャレンジしてみてください。つまり、「１つ左に新たな階層を作っ

てみる」のです。ここにイノベーティブな発想のヒントがあります。

図3-11　イノベーティブな発想をつくるコツ

既存の発想では生まれない新たな発想も
ロジックツリーを使えばできる！

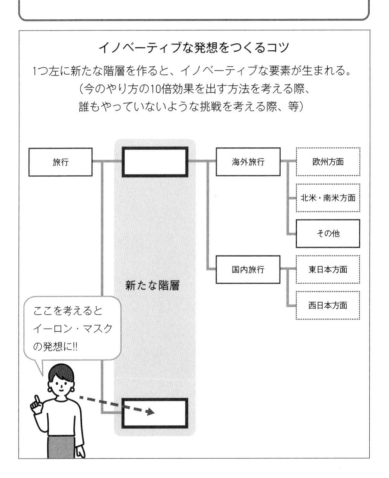

　さて、どうなるでしょうか。

　海外旅行も国内旅行も含めたものは、たとえば「地球旅行」などが挙げられるでしょう。ということは、そのペアになるのが「宇宙旅行」となり、これはまさに、普通ではないアイデアが生まれてます。

　このように、ロジックツリーを活用することで、まさにイーロン・マスクが行っているようなイノベーティブな発想も可能となるのです。それもまた、ロジックツリーがもたらす効果と言えるでしょう。

　私自身の事例としても、過去に「新規事業の売上UP」という課題を抱えていたことがあります。その際には、「やっぱり件数を稼ぐか」「それとも、単価をあげるしかないか」などと考えていました。

　たしかに、通常のトップダウンアプローチで検討するとそうなってしまうのですが、あえて左側に階層をつくってみるとどうでしょうか。既存の考え方に縛られることなく、より発想が広がりやすくなります。

図3-12　イノベーティブな発想の生成過程

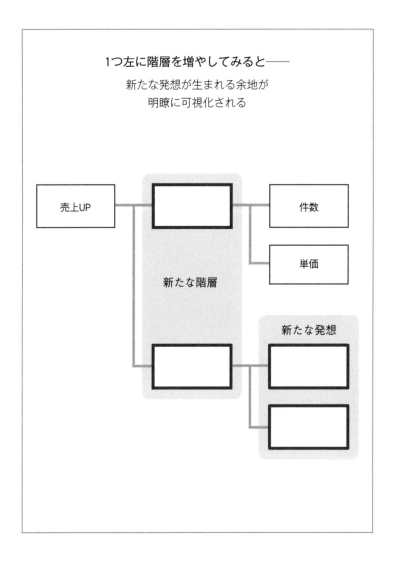

　そもそも、契約件数を増やしたり単価を上げたりするのは、自社内での活動、つまり「内部資源の活用」です。内部のペアとなるのは「外部」なので、そこから「外部資源の活用」という新しい要素を検討してみます。

　そうすると、外部資源の活用方法として「M&A」や「業務提携」など、別の方策が浮かび上がってくるのです。このように、階層を増やすとイノベーティブな発想につながりやすくなります。

図3-13　イノベーティブな発想の生成

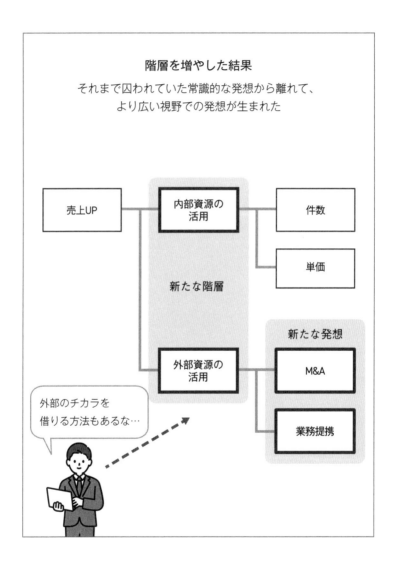

　また、「営業方法」ではどうでしょうか。一般的な手法として挙げられるのは「電話営業」「訪問営業」などのアプローチになるでしょう。しかし、左側に階層を増やすことで「営業部門内」と「営業部門外」に分けることも可能です。

　そこから営業部門外の営業活動として、「カスタマーセンターの設置」「チャットボットやメールソフトの活用」など、従来とは異なる営業手法が浮かび上がってきます。階層を上げたことで、小さな枠組みにとらわれることなく、アイデアを出せるようになります。

　このように、ロジックツリーはイノベーティブな発想をするのにも役立ちます。しかもその方法は、「1つ上に階層を設ける」だけでOKです。ぜひ、斬新な発想やヒントを得るきっかけとして活用してみましょう。

ビジネスフレームを活用して
ロジックツリーを秒速で
作成しよう

　ビジネスの現場では、さまざまな「フレームワーク（ビジネスフレーム）」が用いられています。これらは、ロ

ジックツリーの作成や要素出しにおいて、大いに活用することができます。

　たとえば、代表的なものとしては「3C」「SWOT分析」「4P」「バランススコアカード」などが挙げられます。これらのビジネスフレームを覚えておけば、トップダウンアプローチがラクになり、思考のスピードも速くなるでしょう。

　例えば新規事業の責任者になったとしましょう。

　何に着手すべきかわからないものです。もし「地図」のようなものがあればいかがですか。それこそがロジックツリーなのです。

　その際、世の中にある「ビジネスフレーム」を使えば、ラフに作成できるのです。図3-14・3-15をご覧下さい。

図3-14　ビジネスフレームを覚えると
　　　　　　トップダウンアプローチがラクになる

> 思考のスピードを速くするためにも
> 少しづつ「ビジネスフレーム」を覚えることが望ましい。

●ビジネスフレームを使った一例

事業環境の分析	
「SWOT分析」を使う	
・強み（Strength）	・機会（Opportunity）
・弱み（Weakness）	・脅威（Threat）

マーケティング	
「4P」を使う	
・価格（Price）	・販路（Place）
・製品（Product）	・告知（Promotion）

組織マネジメント	
「バランススコアカード」を使う	
・財務の視点	・プロセスの視点
・顧客の視点	・学習・成長の視点

図3-15 ビジネスフレームからロジックツリーへ

それぞれのビジネスフレームを使って要素を出せば
簡単にロジックツリーができる。

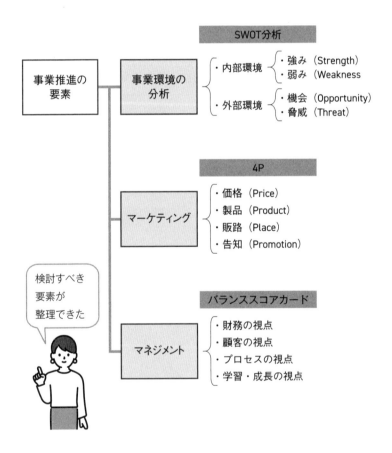

　「3C」「SWOT分析」「4P」「バランススコアカード」を使って機械的に並べたものです。これだけで検討すべき要素が整理できるでしょう。

　ここでは、ビジネスの現場などでよく使われている、オススメのフレームワークについてその概要を紹介します。これらの内容をもとに、ロジックツリーの中身をより深めていきましょう。

■SWOT分析

事業環境を分析するフレーム

　自社を取り巻く環境（外部環境・内部環境）をプラスとマイナスの要因に分け、「Strength（強み）」「Weakness（弱み）」「Opportunity（機会）」「Threat（脅威）」の4要素で分析する手法です。とくに自社の"勝ち筋"を見極めるのに有効です。

図3-16　SWOT分析（事業環境を分析するフレーム）

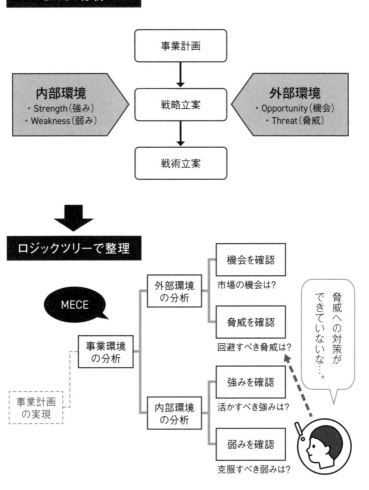

■5フォース分析

事業環境の「外部環境」を把握するフレーム

　「業界内での競争」「業界への新規参入者」「代替品の存在」「買い手（顧客）の交渉力」「売り手（サプライヤー）の交渉力」という５つの切り口によってマーケットの脅威を把握する方法です。置かれている状況を分析するのに役立ちます。

　SWOT分析の外部環境を洗い出す際に使うと便利です。

図3-17　5フォース分析
　　　　（事業環境の「外部環境」を把握するフレーム）

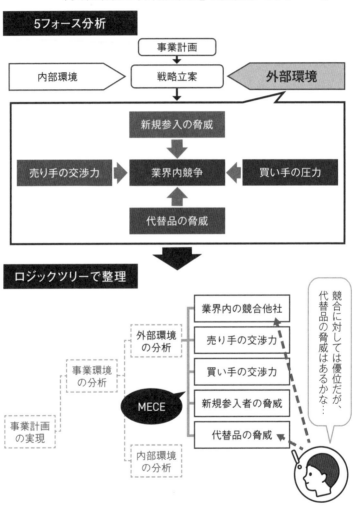

SWOT分析の「外部環境」の要素を抽出する際に活用できる

■VRIO分析

事業環境の「内部環境」を把握するフレーム

　「Value（経済的価値）」「Rarity（希少性）」「Imitability（模倣可能性）」「Organization（組織）」という４つの指標から分析する手法です。自社の優位性や経済資源について知るための分析方法となります。

　本来は企業の経営資源を分析するフレームですが営業がお客様に提案する内容を検証する目的でも使えるフレームです。コンペの勝率を高めてくれる効果があります。

図3-18 VRIO分析
（事業環境の「内部環境」を把握するフレーム）

VRIO分析

事業計画

内部環境 → 戦略立案 ← 外部環境

経済価値 （Value）	市場に対し、優位性のある価値を提供できる
希少性 （Rarity）	他の会社にはないノウハウ、技術がある
模倣困難性 （Imitability）	他の会社が模倣するのは困難である
組織 （Organization）	その価値を提供できる盤石の組織である

ロジックツリーで整理

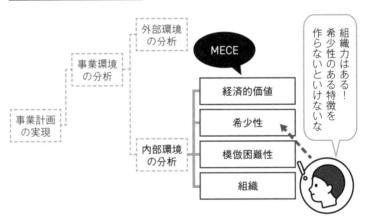

SWOT分析の「内部環境」の要素を抽出する際に活用できる

■アンゾフの成長マトリクス

事業をどこで伸ばすかを整理するフレーム

　縦軸に「市場」、横軸に「製品」を置くことで、どこに成長分野があるのかを見極めるための手法です。マトリクス図にまとめると、それぞれの象限においてどのような特徴があるのかが明確になるため、とるべき戦略が検討しやすくなります。

図3-19　アンゾフの成長マトリクス
　　　　（事業をどこで伸ばすかを整理するフレーム）

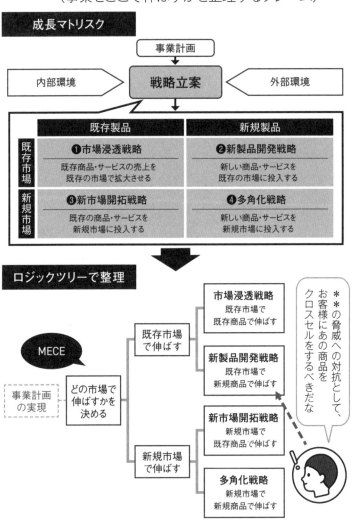

■STP分析

事業の勝ち筋（戦略）を整理するフレーム

「Segmentation（セグメンテーション）」「Targeting（ターゲティング）」「Positioning（ポジショニング）」という３つの視点から、市場の細分化、市場の選定、自社の立ち位置の明確化を行う手法です。集約した情報が、戦略的な事業展開のヒントになります。

図3-20　STP分析
　　　　　　（事業の勝ち筋（戦略）を整理するフレーム）

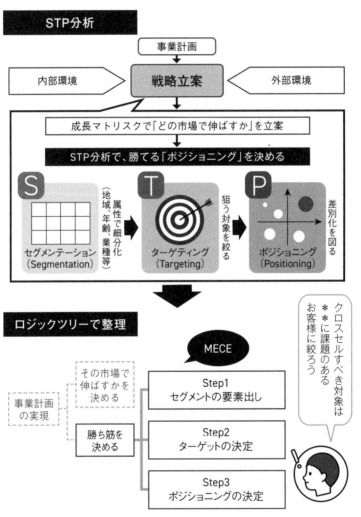

■4P

マーケティング（販売）の具体策を考えるフレーム

　「Product（製品）」「Price（価格）」「Promotion（プロモーション）」「Place（流通）」の４項目からなる、マーケティングを構成する要素です。自社・他社の商品・サービス等を取り巻く状況において、多角的な視点から分析するのに役立ちます。

図3-21　4P分析
　　　　（マーケティング〈販売〉の具体策を考えるフレーム）

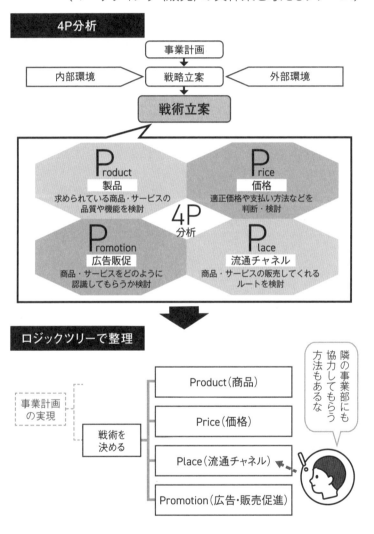

■RFM分析

顧客の「優先順位」を決めるフレーム

　「Recency（最新購入日）」「Frequency（購入頻度）」「Monetary（購入金額）」という3つの指標から顧客を分類する手法です。それらの情報をもとに、顧客に対するアプローチを分けるなどの工夫が可能となります。

図3-22　RFM分析（顧客の「優先順位」を決めるフレーム）

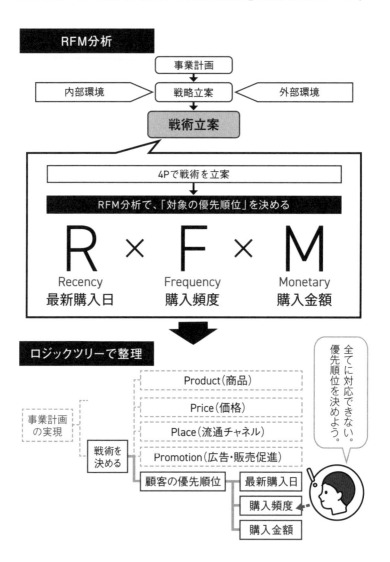

■バリューチェーン

価値をつくる諸活動を整理するフレーム

　購買、製造、物流、マーケティングから人事や開発まで、企業における一連の活動を「価値（Value）」の「連鎖（Chain）」として表現したもの。自社の競争優位性を高めるべく、差別化の検討をする際などに用いられます。

図3-23　バリュー・チェーン概念図
　　　　　（価値をつくる諸活動を整理するフレーム）

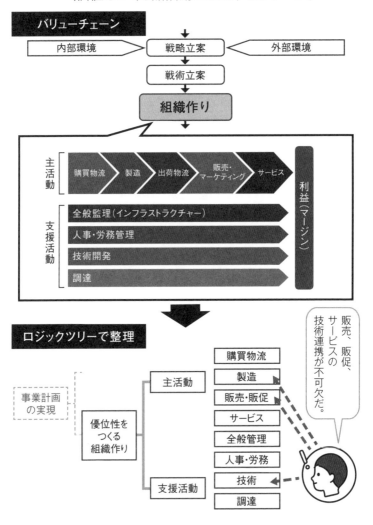

■バランススコアカード

マネジメントの観点を整理するフレーム

　企業の業績について「財務業績」「顧客」「業務プロセス」「組織能力」という4つの指標からマネジメントの観点を整理する手法です。戦略・戦術を決めた後、形骸化しないために組織をマネジメントする要素を整理するものとなります。

図3-24　バランススコアカード
　　　　　　（マネジメントの観点を整理するフレーム）

バランススコアカード

内部環境 → 戦略立案 ← 外部環境

戦術立案

組織作り

マネジメント体制

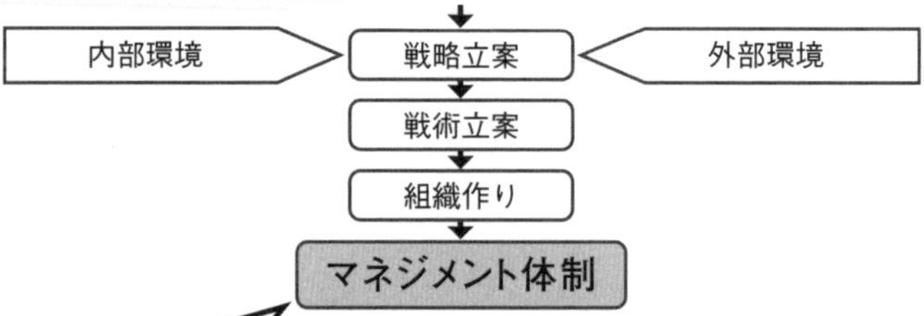

4つの視点	モニタリング例
財務の視点　　実現	KGI ▶ 売上：対前年120%
顧客の視点	KPI ▶ 新規獲得数：対前年120%
業務プロセスの視点	KPI ▶ 1人あたり担当顧客数○○社
学習と成長の視点	KPI ▶ スキル学習（試験の点数）

KGI（Key Goal Indicator）とは重要目標達成指標のことで、売上高や利益率などが該当。
KPI（Key Performance Indicator）は KGI を達成するための中間指標。

ロジックツリーで整理

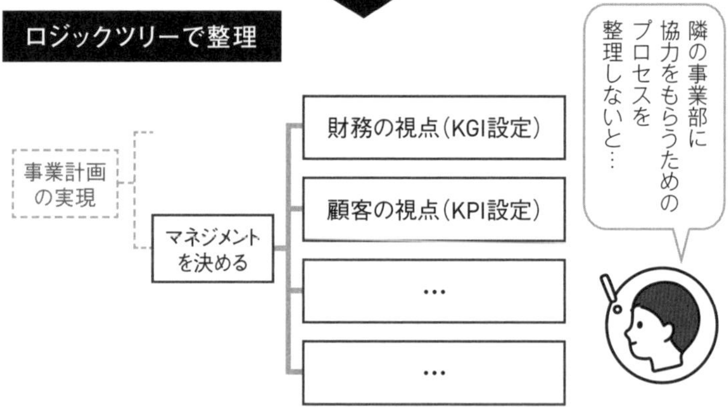

事業計画
の実現

マネジメント
を決める

財務の視点（KGI設定）

顧客の視点（KPI設定）

…

…

隣の事業部に協力をもらうためのプロセスを整理しないと…

■ECRS

業務のムダをとるフレーム

　「Eliminate（排除：取り除く）」「Combine（結合：つなげる）」「Rearrange（交換：組み替える）」「Simplify（簡素化：単純にする）」という4要素からなります。主に、業務プロセス等の改善案を導き出すための手法です。

図3-25　ECRS（業務のムダをとるフレーム）

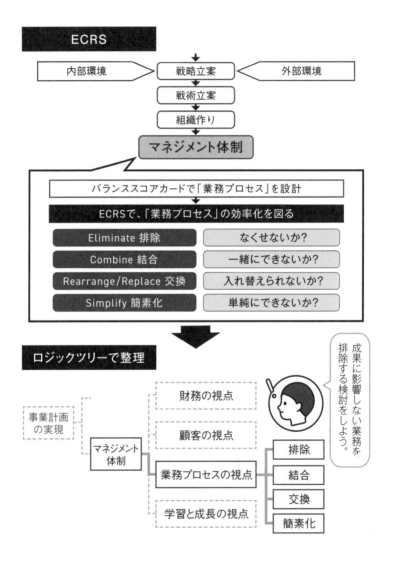

第 **4** 章

問題解決の３ステップを
マスターしよう

①問題解決の３ステップとは

　第四章では、本書で紹介するロジカルシンキングのテクニックのうち、２つ目の「問題解決の３ステップ」について解説します。

　ここまでの内容で、ロジックツリーについてはおおよそ理解していただけたかと思います。その時点で、すでにロジカルシンキングの基礎的な考え方はマスターできていますので、あとはそれを実際の問題解決へとつなげていきましょう。

　前提として、本書で提示する問題解決のステップは、次のステップ１からステップ３までとなります。

Step1：問題を特定する（解決すべき問題を特定する）

Step2：課題を特定する（KSFを探し課題を特定する）

Step3：対策を考える（いくつかの中から対策を考える）

　基本的にはこれだけです。この３つをクリアするこ

とで、ロジカルシンキングによる問題解決を実践する
ことができるようになります。

　ここでちょっとむずかしいのが、「問題」と「課題」
の違いです。詳しい内容は次項から見ていきますが、
ここでイメージだけ共有しておきましょう。

　２つの異なる業態の販売形態を比べてみましょう。

1枚目が海外のコンビニエンスストアで、2枚目が日本のファストフード店の画像になります。両者における最大の違いは、前者が無人営業なのに対し、後者は対人による笑顔の接客を重視している点にあります。

　そのような**違いが生じている理由は**、それぞれの店舗が抱えている「問題」や「課題」が異なっているため。それが、「スタッフの有無」という結果につながっているのです。

　たとえばコンビニの場合は、人材不足への対応や利便性の観点から、人がいなくても運営できる店舗を構想し、最終的にはシステムの導入による無人店舗への挑戦に着手しているわけです。。

　つまりその背景には「人材不足」といった"問題"があり、それを解決するための「人に頼らない経営スタイルの確立」という"課題"があることが予想されます。そして、具体的な打ち手として「システムによる無人店舗の実現」が、画像のような最先端の店舗を生んでいるのです。

　一方でファストフード店の場合は、「スマイル0円」

などをはじめとする“人による接客”を重視し、ホスピタリティを最大化するべく、採用や教育を含めた対人販売に力を注いでいるのでしょう。

こちらの問題は「接客レベル低下によるファミリー層の顧客離れ」などがあり、またそれを解決するために「ホスピタリティの強化」を課題としているのです。その解決策として、「マニュアルを活用した採用・教育の徹底」といった対策がとられていると予想されます。

このように、問題や課題の違いが各企業の戦略・戦術に明確な違いをもたらすことがあります。どちらが正しいということではなく、視点の違いが行動の相違につながっているという点が重要です。

以上の内容からわかるのは、その企業ならではの最終的な「解決策」を導き出すには、ロジカルに考えて問題・課題を特定し、解決策を見出していく必要があるということです。

それが、本書で提示する「問題解決の３ステップ」の流れとなります。あくまでも、問題・課題・解決策

という３つの手順を経て、具体的な行動へと落とし込んでいくのがポイントとなります。

②「問題」を特定する

　それでは、「問題解決の３ステップ」の１番目である「問題を特定する」へと進んでいきましょう。

　ここで重要なのは、問題発生の箇所を探し出し、"解決できる"ものを問題として扱うということです。解決志向になることで、取り組むべき問題がより明確になるためです。

　この場合の**「問題」とは、あるべき姿とのギャップを意味します。**つまり、現状とあるべき姿を比較し、その中でもとくに取り組むべきことを問題として特定していくのがファーストステップとなるのです。

　たとえば、「離職率」について考えてみましょう。

　あるべき姿が「１０人中１人」であるのに対し、現状は「１０人中３人」だったとします。つまり、そこにはギャップがあるわけです。

　しかし、このままでは対策を講ずるのは難しいで
しょう。氷をアイスピックで細かく砕くように、問題
を細分化をしてこそ、対策を講じやすくなるのです。
　そこで**やるべきことは、問題を「Whatツリー（要素**
分解ツリー）」で細分化し、解決すべき問題を特定して
いく流れとなります。Whatツリーは、ただ細かく砕
くだけですので各要素は「掛け算」ではなく「足し算」
になる点に注意してください。

図4-1　問題を特定するとは

> あるべき姿とのギャップを細分化し解決すべき問題を
> 絞り込む。

●問題とは？

問題とはあるべき姿とのギャップ。その中でも特に扱うべきこと。
この時、Whatツリー（要素分解ツリー）を使う。

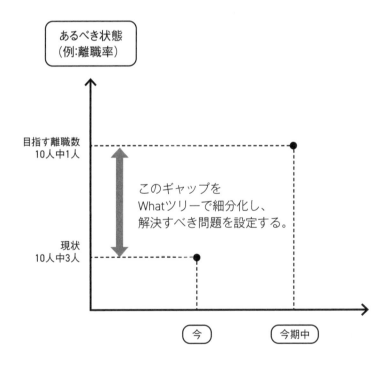

　ここでは、入社年度の差が大きいのでは、との仮説を立て、Whatツリーを使い「入社年」という尺度で分けてみました。「入社3年未満」「入社3年以上」「入社10年以上」の３つです。

　そこからさらに職種による差もありそうとの仮説から「職種A・B」で分類すると、「入社3年未満の〈職種A〉」と「入社10年以上の〈職種B〉」の離職率が高いことがわかりました。

　解決志向で考えていくと、「入社10年以上の〈職種B〉」は人数が少ないため影響が小さいと判断し、解決すべき問題は「入社3年未満の〈職種A〉」にあると絞り込めます。

　このようにして、解決できるであろうという前提のもと、問題を特定することができました。

　このように問題を絞れば絞るほど、解決策への道筋が見えてくるのです。

図4-2　問題を設定する手順

問題を設定する際は、解決志向で考えること。
Whatツリーで探し、"解決すべき"ことに絞った上で、
問題を設定する。

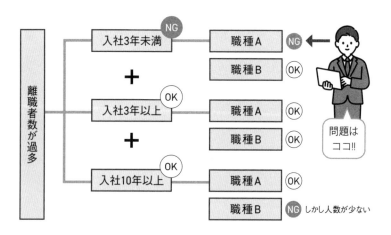

このケースにおける問題の設定

・事実(問題発生箇所)を調べると、離職の理由は下記の通り。

▶ 入社3年未満の「職種A」の離職率が高い

▶ 入社10年以上の「職種B」の離職率が高い

・解決志向で考えると、解消すべき問題は、
入社3年未満の「職種A」の離職率が高いことに設定。

いかがでしょうか。

ロジックツリーの基本をマスターしている人であれば、すんなりと問題を特定できたことと思います。もちろん、最初からできなくても大丈夫です。練習すれば誰でもできるようになります。

さて、もうお分かりだと思いますが、「ネガティブなこと＝問題」ではないということです。どの会社もそうですが、使える時間、人、資金は限られているため、それらすべてを「問題」として扱うのはむずかしいでしょう。

そこで、とくに「解決したところで影響がないもの」や「解決志向で考えると難易度が高いもの」については、ただの“現象”としてとらえ、「問題」としないことが大切です。

たとえば、年次ごとに問題を設定したり、あるいは辞めない人に絞った採用ができていないことを問題にしたりなど、影響がないものや難易度が高いものは「問題」としてとらえないようにしましょう。

図4-3　問題と現象を分けることも大事

ネガティブなこと＝問題ではない。

●問題を絞ることの大切さ

時間、人、資金は限られている。すべてのことを解決できるわけではない。

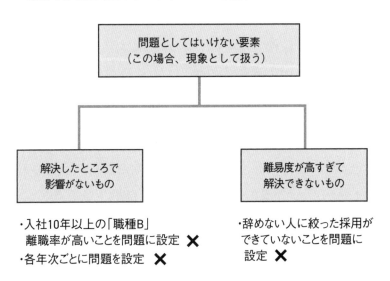

　あらためて、問題を特定する手順を確認しておきましょう。次のとおりとなります。

〈問題を特定する手順〉

１．現状とあるべき姿とのギャップを知る

２．Whatツリーで問題の発生源を探る

３．解決志向で「問題」を特定する

　基本的には、この３つだけでOKです。慣れるまでは手順を覚える必要がありますが、何度も取り組んでいると自然にできるようになります。まずは、思考の回路をつなげるようにしてください。

　また、筋の良い問題を見立てることは、できるビジネスパーソンの必須条件となります。そのため、問題を特定するステップは非常に重要なのですが、そこにはちょっとしたコツがあります。

　具体的には、「発見の情報収集」「検証の事実収集」に努めるのがポイントです。それが、問題の見立て力を高める鍵となります。

たとえば、発見の情報収集には「社内・社外の情報」が含まれますし、検証の事実収集には「定量・定性の情報」が含まれます。とくに前者は「職場・職場以外」「第一次情報・第二次情報」にも区分できます。

　これらを収集することを意識すれば、問題の所在が見つけやすくなります。つまり、日頃からアンテナを張っておくことが問題発見力を高める鍵となるわけです。

　目の前のことだけでなく他の職場、他社の状況を知る、また人から教わる機会をつくる、更には新聞、本からの情報を得るなどのインプット習慣を持つことが大切となるのです。ぜひそのような視点を、習慣として身につけておきましょう。

　また「検証の事実」からも問題を探れます。プロセスや結果の違いを数値（定量）で把握する習慣も大切です。とはいえ、数値を盲信するだけでは問題を見落としてしまいますので現地、現物のリアルを把握（定性）しておくことも検証力を高める上では不可欠となります。

図4-4　あなたの問題の見立て力を高める鍵

> 日頃から問題意識を高めておこう、そのためには
> インプットが重要。

●問題の見立て力を高める鍵

問題の見立て力を高める鍵は、「発見の情報」「検証の事実」の収集に努めること。

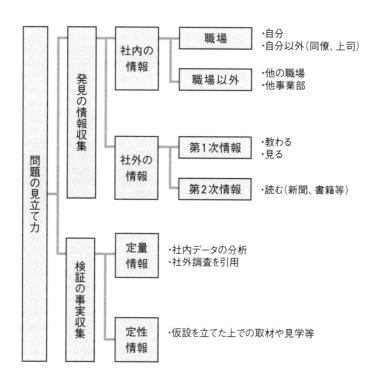

③「課題」を絞り込む

次に、「問題解決の３ステップ」の２番目である「課題を絞り込む」について見ていきましょう。

まず、ここでの「課題」とは、解決に向けて不可欠となる「成功の鍵」のことを指します。言い換えると、「解決するにあたって最優先でクリアすべきこと」が課題というわけです。

用語としては、「KSF（Key Success Factor：重要成功要因）」などと表現されることもあります。ご存知の方も多いのではないでしょうか。とくにここでは「KSF＝筋の良い課題」と理解しておくと良いでしょう。

〈KSFとは〉

KSF（Key Success Factor）は「重要成功要因」と訳され、成功させるために必要な重要な要因のことを指す。KSFを課題に設定するのが、課題設定のセオリー。

〈KSFは仮説の繰り返しで探る〉

　テーマによっては、最初から正解のKSFを導けないことは少なくありません。そのために、まずは仮説を立て、事実を把握し、検証をしながら"筋の良いKSF"を探る姿勢が必要です。

　さて、課題については、**問題を設定した際には**「**Whatツリー」を使ってアイスピックで氷を砕くように塊を細分化するがごとく絞りましたが、課題設定の探り方は異なります。**具体的には、「Whyツリー（原因追究ツリー）」で原因を追究していき、真の原因を究明していきます。

　イメージとしてはこんな感じです。「お腹が痛い」という症状を絞り込むと問題は「胃の上部の炎症」であったとします。いきなりメスで切除することはしないでしょう。原因を究明する必要があります。「なぜ炎症がおこっているのか」をあらゆる角度から検証するはずです。そのプロセスを「Whyツリー」を使っておこなうとヌケモレもなく検証しやすくなるのです。

図4-5 課題を特定するとは

> 課題とは、解決に向けて不可欠となる「成功の鍵」のこと。
> 原因を究明した上で、設定をする。

●課題とは？

課題とは、解決するにあたって、最優先で"クリアすべき"こと。
この時、Whyツリー（原因追究ツリー）を使う。

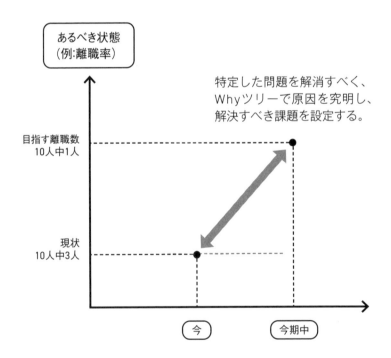

　先程の「離職」の例で考えてみます。すでに「入社３年未満の職種A」において離職数が多いことがわかっています（問題の特定）。そこからWhyツリーで問題を分解し、課題を設定していきます。

　まずは離職者数の多い理由を「採用数が増えている？」「離職率が増えている？」という掛け算の要素で分類しました。そこからそれぞれ、「応募数の増加？」「合格率の増加？」と、「組織の問題？」「個人の問題？」に分類しています。

　さらに、組織の問題に関しては「ハード面」「ソフト面」に分けています。そうすることで原因を追究することが可能になるのです。もちろん、ここでも解決志向で考えることが大切です。

　ちなみに、Whyツリーで抽出する際に限っては、「掛け算」と「足し算」のどちらを使ってもOKです。

図4-6　課題を設定する手順

Whyツリーで問題を究明し、KSFを課題に設定する。

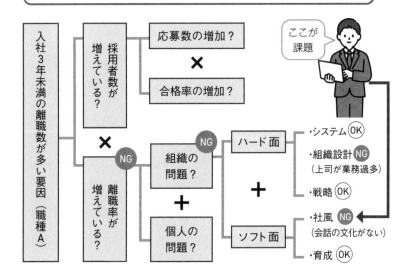

このケースにおける問題の設定

- 原因を追究すると、その原因は下記の通り。

  ▶ 上司が自分の業務で忙しいから
  ▶ 元来、会話をする文化がないから

- 解決志向で考えると、解消すべき課題は、
「会話をする文化を作る」ことに設定。
  ※上司の業務過多の解消は難易度が高いと判明

　さて、このようにして原因を追究していくと、「上司が自分の業務で忙しいから」「元来、会話をする文化がないから」という2つの要素が浮かび上がってきました。

　これらを解決志向で絞り込んでいくと、「上司の業務過多」を解消するのはむずかしいと判断されるため、「会話の文化をつくる」が課題（KSF）として設定されることとなります。

〈課題を特定する手順〉
1．Whyツリーを書いて課題の候補を整理する
2．解決志向で課題（KSF）を絞り込む

　ここまでが、課題を絞り込む過程となります。

　注意点としては、問題を特定したらすぐ解決策を考えようとしないこと。非ロジカルな人は課題を設定せずに拙速に対策から考える特徴があります。気をつけましょう。

　あらゆる可能性を検討し、解決志向で課題を設定し

ていきましょう。

④「対策」を立てる

　「問題解決の３ステップ」の３番目は、「対策を立て
る」です。ここまでに特定した問題と課題をもとに、
具体的な対策を考えていきます。
　対策を考える上で重要なのは、いくつかの候補を挙
げ、それぞれを評価しつつ対策を絞り込むことです。
１つのアイデアから決めるのは危険です。複数の案を
出し、最も適切な案を選択するようにしましょう。
　具体的な手順としては、次のようになります。

〈対策を立てる手順〉
１．Howツリー（イシューツリー）を使って候補を出す。
２．意思決定マトリクスで、評価をして絞る。

　「離職率」の続きとして、絞り込んだ課題である「会
話の文化をつくる」というテーマで考えてみましょう。

いきなり「ミーティングの機会をつくる」と対策を決め打ちで出してはいけません。あらゆる選択肢を出すことが肝心。

まず、「会話の文化をつくる」ことに関して**方法の可能性を出す時に使うHowツリーで選択肢を出しつくしてみましょう。**ここではいったん「定期的な場」と「日々の習慣」という「頻度」で分けてみました。

そこからさらに分岐して、定期的な場としては「年に１回」「半年・四半期に１回」、日々の習慣としては「月に１回」「週に１回」「毎日」と分類していきます。

あとは、それぞれにどのような会話のシーンがあるのかを考え、ピックアップしていけばいいだけです。今までの経験や知っている情報だけではなく「あるとすればこんなのも可能かも…」といったアイデアでもOK。**穴埋め問題を埋めるように機械的に考えるのもコツです。**

またHowツリーはモレが発生しやすいのですが、あまり気にしないで下さい。大切なことは幅広く考える点にあります。そこから、具体性や実効性を加味して、

図4-7　Step1:Howツリー(イシューツリー)を使って候補を出す

まず、Howツリーでいくつかの案を出し、
検討すべきものを候補として選定。

●Howツリーで候補を出す

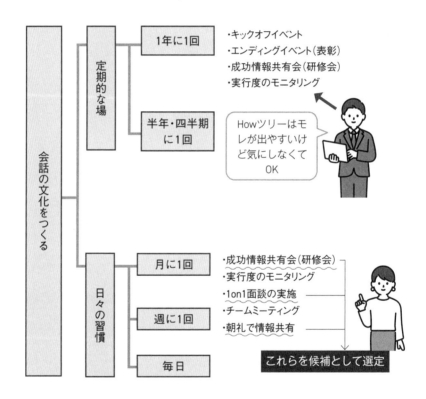

解決策としての候補を選定していきましょう。

　今回、いくつか出してみたうち、有力な候補として
ピックアップしたのは、「成功情報共有会（研修会）」
「1on1面談の実施」「朝礼で情報共有」の３つです。こ
こからさらに対策を絞り込むべく、「**意思決定マトリ
クス**」を活用します。

　意思決定マトリクスとは、「得られる効果」「実行の
しやすさ」「投資コスト」などの観点で点数をつけ、
候補を選定する手法です。評価の軸（点数のつけ方）を明
確にした上で絞り込むのがポイントです。

　実際に点数をつけてみると、今回は「効果」「実効性」
「コスト」などの観点で比較し、「1on1面談の実施」
が最も有効であることがわかりました。このようにし
て対策を絞り、最終的には実行していきます。

図4-8　Step2:意思決定マトリクスで、評価をして絞る

次に、複数の選択肢を出し、評価の軸を明確にした上で絞る。

●意思決定マトリクス

	得られる効果 (加重×2)	実行のしやすさ	投資コストがかからない	合計
成功情報共有会 (研修会)	2 (→4)	2	1	7
1on1 面談の実施	3 (→6)	2	3	11
朝礼で情報共有	1 (→2)	3	3	8

決定　1on1面談の実施

※重要視する評価軸には、「加重」を加える
※最良3、ふつう2、良くない1

　意思決定マトリクスにおける判断指標については、状況に応じて増やしたり減らしたりして構いません。求められている指標を調整しながら、より説得力のある結論を導き出していきます。

　社内で稟議を上げる際、決裁者が考えている判断する指標をあらかじめ確認しておくと、スムーズに決裁してもらいやすくなりますので確認しておくといいでしょう。この判断指標がズレているとロジカルだけど、ズレている人になりかねません。

　さて、このように、対策を決める際には、経験則やひらめきから導き出されたアイデアに飛びつくのではなく、きちんとした手順を経て選定するようにしてください。

　具体的には、複数の選択肢を出し、評価軸を決めた上で、最適な方法を選ぶことが大事です。このような流れで、物事をロジカルに考えていくことが、ロジカルシンキングの基本となります。

　いかがでしょうか。ロジックツリーと問題解決の３ステップをマスターできれば、ロジカルシンキングを

使いこなせたのも同然です。ぜひ、繰り返し練習して
いきましょう。

⑤問題解決の実例

　本章の最後に、問題解決の３ステップを活用した実
例を紹介していきます。次章で演習をしますので、こ
こでは３ステップを活用した問題解決の流れを確認す
るようにしてください。

　**例として挙げるのは、リゾート運営会社の「星野リ
ゾート」です。星野リゾートでは、非常にロジカルな
発想のもと、とくに"コロナ禍"における対策を打ち出
し、難局をむしろチャンスに変えました。**

　そこで本書では、これまでに学んだロジカルシンキ
ングのエッセンスを活用し、同社の戦略を分析してみ
ましょう。その背景には、どのような発想があるので
しょうか。

　さて、コロナ禍においては、緊急事態宣言の発令を
経て全国的な行動制限がなされることとなりました。

そのため、とくに旅行業界は大きなダメージを受けることとなったのはご存知のとおりです。

　そうした状況において、星野佳路社長は冷静に対策を打ち出していきます。思考の流れを推測すると、まさに「問題解決の３ステップ」に分けることが可能です。

　まず、ステップ１に該当する「問題の特定」に関して考察します。「日本における旅行の市場規模」をアイスピックで氷を砕くように、「インバウンド」「国内旅行」「海外旅行」に分類し、そこからさらに「国内旅行」を細かく「日帰り」と「宿泊」に分け、その上でさらに、宿泊に関しては「４大都市圏」「その他」に分けていきます。**このように細分化して事実を見ると、悲観する必要のない事実が浮かび上がってきます。**

　とくにコロナ禍においては、インバウンドや海外旅行は期待できず、国内旅行に関しても県をまたぐ移動は厳しくなりました。そうなると、解決志向で考えれば「日帰り」と「宿泊（それ以外）」がターゲットになります。

図4-9　参考事例

星野リゾートの「マイクロツーリズム」のケース。
（コロナ禍対応）

●コロナ禍における、星野社長の「問題設定～課題設定」
Step1　解決する問題を特定

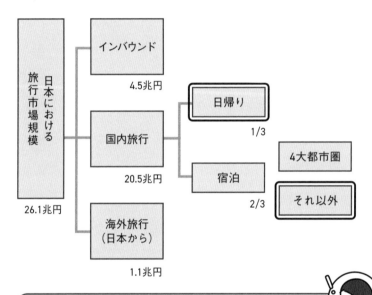

日本における旅行市場規模

26.1兆円

インバウンド
4.5兆円

国内旅行
20.5兆円

海外旅行
（日本から）
1.1兆円

日帰り
1/3

宿泊
2/3

4大都市圏

それ以外

解決志向で考え、解消すべき問題を

・「日帰り」
・「宿泊（それ以外）」

のお客様を取り込むことに設定。
※最初に需要が戻るのがこの2つの要素。

　ここで細かく分けた効果が出てきます。数字で検証してみると、実はインバウンド（4.5兆円）や海外旅行（1.1兆円）と比較して、国内旅行（20.5兆円）は数倍も大きいのです。そのうちの「日帰り」あるいは「宿泊（それ以外）」の近場に限った旅行だけでも、十分な規模があることがわかります。

　このように問題を特定していくと、コロナ禍においても、会社として何をすべきなのかが見えてきます。星野リゾートはまさに、そのようにして厳しい状況を打破しようと考えました。

　では、「日帰り」「宿泊（それ以外）」の旅行を促すには、**どのような課題を設定すればいいでしょうか。ここでステップ2として、「旅行をしない理由」を分析していきます。**

　ポイントは、「どうすれば人々が動いてくれるか（旅行してくれるか）」という点にあります。その裏側にある課題を探れば、特定した問題とともに、より具体的な解決策へと導けます。

　さて、近場での旅行をしない理由を分類すると、大

きく「感染リスクがあるから」「近場の魅力を感じないから」の2つに分けることができます。その他の分け方も十分に可能ですが、ここではシンプルに2つにしておきます。

　また、それぞれをさらに分類していくと、次のような課題候補をピックアップすることができます。

〈感染リスクがあるのは…?〉

・混雑するから

・旅館やホテルの予防策（感染症対策）が不十分だから

・その他

〈近場の旅行に魅力を感じないのは…?〉

・料理の魅力不足

・非日常感の不足

・その他

　このうち、解決志向で考えていくと、コロナ禍における課題は「予防策の徹底」であることが導けます。もちろん魅力をつくる方策を考えることも選択肢なの

ですが、当時は観光地はクローズしていましたし、レストランで会話することすらも難しい状況でした。その当時の状況を考えると、まさに「日帰り」と「宿泊（それ以外）」において、感染症対策を徹底することがKSFになるわけです。

　上記のように、ロジカルな発想を展開していった結果、星野社長が、メディアでPRしていた「マイクロツーリズム」や「三密回避を前提とした体験の提供」などへとつながっていったと予想されます。

図4-10　参考事例 続き

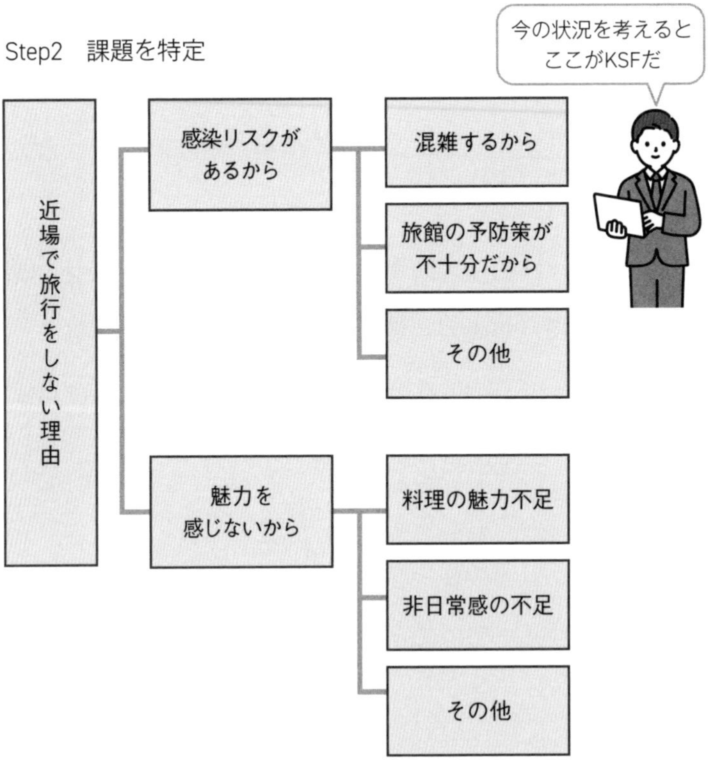

Step2　課題を特定

今の状況を考えると
ここがKSFだ

```
                    ┌──────────────┐
            ┌───────│  混雑するから  │
            │       └──────────────┘
┌──────────┐│       ┌──────────────┐
│ 感染リスクが ││───────│ 旅館の予防策が │
│  あるから   ││       │   不十分だから  │
└──────────┘│       └──────────────┘
            │       ┌──────────────┐
            └───────│   その他     │
                    └──────────────┘
┌────┐
│近場で │
│旅行を │
│しない │
│理由  │
└────┘
            ┌──────────────┐
    ┌───────│  料理の魅力不足  │
    │       └──────────────┘
┌──────────┐│       ┌──────────────┐
│  魅力を   ││───────│  非日常感の不足 │
│ 感じないから ││       └──────────────┘
└──────────┘│       ┌──────────────┐
            └───────│   その他     │
                    └──────────────┘
```

解決志向で考え、解消すべき問題を列挙。

・予防策の徹底

を課題に設定。

※混雑状況のわかるアプリ、非対面の接客等への展開に。

「マイクロツーリズム」を提唱し、コロナ禍の中、業績を担保。

　最後に、ステップ３として具体的な対策について考えてみましょう。いろいろな分け方が可能なのですが、ここでは「三密回避」というテーマにおいて、「ペア」と「時系列」で分類してみました。

　まず、ペアで分けてみると「施設の構造を変える」「施設の構造を変えない」という２点に分類できます。そこから「部分」と「全体」のリフォームや、「ウイルス削減」「拡散予防」などが抽出できます。

　さらに細かく分類していくと、Howツリーの効果が発揮されます。どんどんと対策をあげることができます。予算を含めた解決志向で検討すると、「こまめな換気」「や「加湿器の全室設置」などが対策の候補になるかと思います。

〈部分リフォームをするなら〉

・開口部拡大

・共同スペースの拡大

〈全体を建て替えるなら〉

・大部屋率を増やす

図4-11　参考事例 続き

Step3 Howツリーを使って対策の選択肢を出す

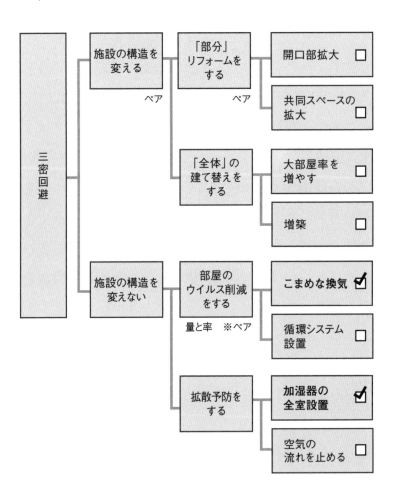

・増築

〈部屋のウイルスを削減するなら〉

・こまめな換気

・循環システム設置

〈拡散を予防するなら〉

・加湿器の全室設置

・空気の流れを止める

　もちろん、他の切り口からも選択肢を出すことはできます。

　では今度は、時系列で分類してみるとどうなるでしょうか。ここでは「チェックイン／アウト」「部屋でくつろぐ」「食事会場」「アクティビティ」「温泉（他人気施設）」といったホテルライフを楽しむ流れで分けてみました。

　作成したロジックツリーから具体的な打ち手候補をピックアップしてみると、次のようになるかと思われます。

・部屋の中で実施

・こまめな換気

・加湿器の全室設置

・空気の流れを止める

・間隔を空ける（2M）

・部屋食

・テイクアウト用意

・オープンアクティビティ

・混雑状況の見える化（スマホ）

　先程と似た対策になりました。**ロジックツリーは切り口を変えても、最終的に出てくる要素は似たものになることは多いのです。**

　あなたがやりやすい切り口で出してみて、しっくりいかなければ別の切り口で探してみるのもコツの1つ、ぜひ楽しみながらやってみて下さい。

図4-12

時系列で分けてみたHowツリー

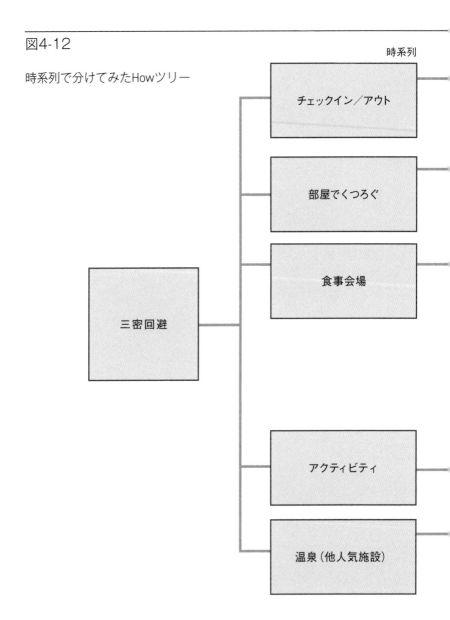

補足として、星野リゾートにおけるコロナ禍の対策と、その後の成果についてもふれておきましょう。

　たとえば、同社は2021年に感染リスク対策として、「部屋でチェックイン」「浴場の混雑度をアプリでチェックできるシステム」「感染リスクに配慮して料理の提供」を大前面に打ち上げた上で、コロナ禍でも楽しめる「奥嵐山で京文化に触れる1日」をテーマとして、マイクロツーリズム向けの企画を立てています。その結果、従来は1割以下だった近畿エリアの顧客が4割弱程度にまで増加したそうです。

　また、静岡県浜松市の「界 遠州」でも感染リスクへのケアを大前提とした上で、お茶の魅力を感じられるような工夫や、地元食材の新たな調理法等を提案。それらの施策が、とくにマイクロツーリズムの成果として、リピート率や年間稼働率の改善へとつながっています。

　このように同社では、ロジカルシンキングによって導き出した効果的な対策により、コロナ禍においてもきちんと成果を挙げていたと私は見立てています。こ

こに、ロジカルシンキングの強みと効果性が見て取れ
ます。

図4-13　インバウンドからマイクロツーリズムへ

●星のや京都　8月稼働率

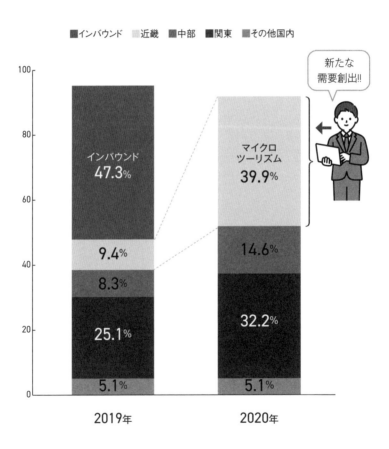

●星野リゾート 界 遠州　8月稼働率

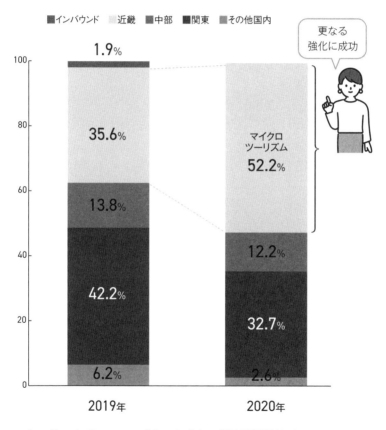

https://www.hoshinoresorts.com/information/release/2020/09/106281.html

第 **5** 章

総合演習②
問題解決の３ステップ

第五章では、「問題解決の３ステップ」の総合演習として、「問題の特定」「課題を絞る」「対策を立てる」を実践してみましょう。**お題は「残業の削減」です。**各ステップを１つずつ確認していきます。

Step1 問題を特定してみましょう

　テーマ：毎週金曜日が忙しい（入稿などの締め切りがある）会社において、残業代を減らすにはどうすればいいか。（通常は週40時間労働のところ45時間になっており、月に換算すると20時間の残業が発生している）

〈※シンキングタイム〉

　解説に進む前に、まずは頭の中でどのようなロジックツリーが描かれるのかをイメージしてみてください。

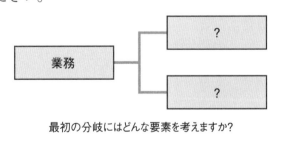

最初の分岐にはどんな要素を考えますか?

　では、解説していきます。

　問題を特定するためには「Whatツリー」を使います。とくに本問の場合は、月20時間の残業がテーマになっているため、その内訳を知るために要素を分解していくイメージを持つと良いでしょう。

　具体的には、トップに「業務」を置いて、一例としては「社内業務」と「社外業務」に分ける方法もあります。他にも「個人」と「組織」、「メイン業務」「サブ業務」、「定型」「非定型」など様々な分け方があります。これらは、足し算型のペアの発想です。もちろん、時系列で分けてもいいですし、「A事業部」「B事業部」「管理職」「非管理職」のように算数で分けても構いません。職場の人数別など尺度で分けてもOKです。MECEに分けることで、業務の全体像が見やすくなります。

　次に、「社内」「社外」の業務で分けた場合の流れで、それぞれを時系列でわけてみましょう。たとえば社内業務は「個人業務」「チーム業務」に分けることもできます。すると、それぞれ次のような要素が含まれます。

〈個人業務〉

・レポート（報告書）の作成

・企画書の作成

・その他

〈チーム業務〉

・会議

・面談

・その他

　また社外業務については、たとえば営業パーソンであれば次のように分類できるでしょう。業務によって違いもあるため、必要に応じて適宜調整してみてください。

・訪問の準備時間

・移動時間

・商談

・後工程（フォロー）

　以上のように**要素を抽出したら**、それぞれの仕事に使っている「時間」を算出してみます。今回のテーマは残業時間の削減なので、どの仕事にどれくらいの時間を消費しているのかを割り出すことが必要となるからです。

　週計算（実働45時間）で算出してみると、次のようになることがわかったとしましょう。

〈社内業務〉

・レポート（報告書）の作成：1時間

・企画書の作成：1時間

・会議：1時間

・面談：1時間

・その他：1時間

〈社外業務〉

・訪問の準備時間：１０時間

・移動時間：５時間

・商談：２０時間

・後工程（フォロー）：５時間

こうした結果から、この営業パーソンはそのほとんどを「社外業務」に費やしており、とくに「準備時間」や「商談」が大半を占めているのがわかるかと思います。どうやら、取り組むべき問題が絞り込まれてきたようです。

　ここから解決志向で考えていくと、成果に直結する「商談」は削れないため、「準備時間」を10時間から5時間に減らすための効率化や合理化が必要だと導けるでしょう。これが、本問における"問題"となります。

　このように、それぞれの要素を分類した上で比重をチェックし、解決志向で取り組むべき問題を明確にします。そうすることで、どこに問題があるのかを明らかにしていくのです。以上が、問題解決の３ステップにおける問題の特定フェーズとなります。

Step2 課題を絞ってみましょう

　問題を特定したら、次は課題を絞り込んでいきましょう。すでに、ステップ１において「社外業務」の「準備」に時間がかかっている現状が浮き彫りになっています。では、課題設定はどうなるでしょうか。

〈※シンキングタイム〉

　解説に進む前に、頭の中でどのようなロジックツリーが描かれるのかをイメージしてみてください。

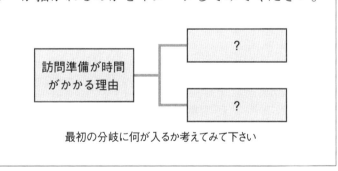

最初の分岐に何が入るか考えてみて下さい

　では、解説に進んでいきましょう。

　課題を絞るために使うのは「Whyツリー」です。ステップ１で「社外業務における準備」に問題があるとわかったので、**その理由についてWhyツリーで「な**

ぜ？」を繰り返しながら、分類・分析していきます。

　具体的な分類の例としては、「業務の絶対量が多い
から」や「作業効率が悪いから」などの理由を挙げる
方法もあります。これらは「量」と「率」という関係
性から、「掛け算」になっているのがわかるかと思い
ます。他の切り口でも構いません。時系列にタスクを
出し、理由を探る方法や、部門別に算数式で要因を探
ることも可能です。従業員の年次別に理由を探る切り
口もあるでしょう。ただ、私のオススメは要因を探る
際「量」×「率」の掛け算で考える方法です。「量」
の原因と「効率」の原因をモレなく検証できるからで
す。

　次に、それぞれの要素をさらに細分化していきま
しょう。まず「業務の絶対量が多いから」については、
「そもそも業務の全体量が多いから」と「業務を平準
化できていないから」に分けてみました。

　この２つに分ける理由は、「業務の総量」に解決す
べき要素があるのか、あるいは「業務のバランス」に
何らかの改善点があるのかを明らかにするためです。

ピーク時のみが忙しい場合もあるでしょう。それによって、具体的なアプローチも変わっていきます。

　一方で「作業効率が悪いから」については、「個人の作業効率が悪いから」と「チームの作業効率が悪いから（分業体制が進んでいない）」という２つの項目に分けることもできます。個人とチームというのは、まさにペアの分け方です。

　このうち「個人」については「工程が多すぎるから」「スキルが低いから」などの要素がありますし、また「チーム」について「人材不足」「プロセスの不備」などの項目が挙げられるかと思います。

　さて、ここまでの流れで課題の全体像が見えてきたら、あとは解決志向で絞り込んでいきます。**抽出した要素のうち、どれが最も解決につながりそうな「KSF」として設定していきます。**

　特定の曜日に準備業務が偏っており、他の業務と並行して行わざるを得ないため時間がとられていたとしましょう。そうなると、特定の曜日に仕事が集中していないようにすること、つまり、曜日の「平準化」が

求められる現状が浮き彫りとなります。

　もちろん、アプローチの仕方は他にもあるかと思いますが、ここでは解決志向で考えた上で、「曜日の偏りを平準化すること」を課題として特定しておきましょう。

　具体的には、業務が金曜日に集中しているとすれば、その現状を是正するべく、どうしたら標準化できるのかを考えていくこととなります。それが本問においては、「現状の残業時間を減らす」という解決策につながっていきます。

Step3 対策を立ててみましょう

　問題を特定し、課題を絞り込んだら、**最後はステップ３の「対策を立てる」に進んでいきましょう。**ここまでの内容を踏まえて、どのような対策を講じると良さそうでしょうか。考えてみてください。

〈※シンキングタイム〉

　対策の選択肢を出し尽くすため、頭の中でどのようなロジックツリーが描かれるのかをイメージしてみてください。どのような分岐が考えられるでしょうか。

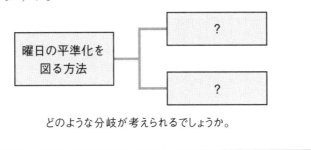

どのような分岐が考えられるでしょうか。

　では、解説を見ていきましょう。

　現状では問題と課題が明らかになっているため、ステップの最終段階として対策を検討してみましょう。ここでは、「Howツリー」を活用し、「どのように？」という問いを繰り返しながらロジックツリーを描いていきます。

　ステップ2で特定した課題は「曜日を平準化すること」でした。とくに、金曜日に業務が集中していることを念頭に置き、曜日ごとに、どのように仕事を平準

化していけばいいのかを考えてみましょう。

　流れとしては、「曜日の平準化」をHowツリーで分けていくと、たとえば「業務の配分で平準化を図る方法」「人で平準化を図る方法」に分類できるかと思います。業務の配分を平準化するとは、週単位における業務配分のバランスを整えることであり、人による平準化とは、業務に取り組む人材に関する最適化のことです。

　もちろん、残業時間を減らすためのアプローチとしては、どちらも欠かせない要素となります。そこから、いつものように解決志向によって、より具体的な対策へと掘り下げていきます。

　まず時間の平準化としては、月曜から金曜までの仕事において、締め切りがあるために業務が集中している金曜日の負担を減らすべく、他の曜日に仕事を割り振れないかどうかを検討します。

　具体的には「毎日締め切りを設定する」「週前半にもう１つの締め切りを設ける」などの発想です。他の曜日にも締め切りを設定すれば、金曜日の業務が分散

され、残業を減らす効果が期待できます。

　次に、人の平準化についてはどうでしょうか。こちらに関しては、「一人あたりの仕事量にリミットを設ける」などの工夫によって標準化が可能となりますが、難易度が高いと判断し、対策としてはNGになります。

　他方で、一人あたりの仕事量を減らすべく、「コントロールセンター役を設置する」などの対策は有効かもしれません。つまり、仕事の差配をするディレクション機能を持つ人をあらためて置いてみるという発想です。

　このように、いくつかの対策候補が挙がってきたら、そのうちの有効だと思われる手段を「意思決定マトリクス」で比較してみましょう。ここでは、比較対象をわかりやすくするために、次の３つを比較してみます。

①毎日締め切りを設定する
②週前半にもう1つの締め切りを設ける
③コントロールセンター役を設置する

これらについて、「得られる効果」「実行のしやすさ」「投資コストがかからない」という観点から点数をつけてみるとどうなるでしょうか。ここではそれぞれの指標を3点満点で評価していきます。

まず意思決定マトリクスを使いベストな対策を選びます。今回のケースでは評価の結果「②週前半にもう１つ締切を設ける」になったとします。ロジカルに対策を考えた結果ですので対策として筋も良いでしょうし、周囲に説明をした際も納得を得やすくなるものです。

最初は手間に感じたかも知れませんが、これが対策を考える際の基本なのです。すぐに慣れますのでぜひ、日頃からこの流れで考えてみて下さい。

「問題解決の３ステップ」の注意点について

いかがでしょうか。大切なのは、どのようなテーマに対しても「問題の特定」「課題を絞る」「対策を立てる」という３つの手順を踏みながら、それぞれの段階

でロジックツリーを作成・活用していくことです。

　こうした流れで問題に取り組んでいくと、自ずとロジカルな発想がしやすくなります。それが、ロジカルシンキングの基本であり、具体的な手順となります。ぜひ、考え方のステップをマスターしておきましょう。

　最初のうちは実際にロジックツリーを描いてみてもいいのですが、**練習を重ねることで、頭の中で自然に描けるようになります**。それこそ、頭の中だけで"そろばん"を弾くようなものです。

　そのため総合演習では、イメージをつかんでいただくために、それぞれの手順をあらためて確認し、解説に進む前に"頭の中で描く"練習をしていただきました。なんとなくイメージできましたでしょうか。

　もちろん、誰もが最初からできるわけではありません。私もそうでした。ですので、いきなりできなくてもまったく問題ありません。

　自分なりにテーマを決めて、何度も何度も練習を重ねましょう。繰り返し取り組んでいけば、誰でもできるようになります。仕事や普段の生活の中で、プラク

ティスを積み重ねていってください。

　さて、ここまでの内容を踏まえて、全体の概要はお伝えできたかと思います。あとは、よくある落とし穴として、「問題解決の３ステップ」の注意点について解説しておきましょう。

　これまでにも繰り返し述べてきたように、「問題解決の３ステップ」では解決志向が重要ということでした。この視点を意識していないと、解決に至らないロジックツリーを描くことになります。

　たとえば、本問のステップ１の場合、「残業の原因」を分ける際、何も考えずに「男性」「女性」、「濃い色」「淡い色」などと分類してしまうと、たしかにMECEではあるものの問題の焦点がぼやけてしまうでしょう。そうした分け方は問題解決につながらず、あまり意味がありません。

　そのような“犯人探し”をしていると、「毎週金曜日が忙しい」というポイントを見落としやすくなってしまい、また問題解決のための道筋が見えにくくなってしまいます。

　ですので、ただMECEに分けるのではなく、解決に向かう仮説を持ちながら切り口を考えるのが大切なのです。そうすることで、問題点が徐々に浮き彫りになっていきます。

　今回のように解決への仮説を持ち、きちんと業務を分類し、現状を確認していけば、業務量のばらつきが発生していることがわかるはずです。そこから「業務の平準化」というゴールが自然と導けるようになるのです。

　もちろん、「平準化」という発想自体がない人もいると思います。そのような場合は、「他社では業務のばらつきが発生していないのか？」「それらについてどんな対策が行われているか？」などのリサーチをすると良いでしょう。

　現状の問題・課題を認識できていれば、収集するべき情報やケーススタディも明確になります。わからなければ、事例を探してみたり、ヒアリングしたりすれば問題ありません。そのように外部の知見を活用するのも有効です。

そこから具体的な解決策をピックアップし、意思決定マトリクスによって点数をつけて、候補を絞り込むようにしましょう。

総合問題：「どうすれば効果的に痩せることができるか」

本章の最後に、「総合演習」として、別の問題にも取り組んでみましょう。テーマは「3か月で5キロ痩せる方法」です。つまり効果的なシェイプアップの手法について、ロジカルに考えていきます。

とくに本問では、模範解答だけでなく、適切でないロジックツリーの例もあわせて紹介していきます。それぞれ"点数"をつけていますので、どの点が良くなかったのかをチェックし、参考にするようにしてください。

〈状況設定〉

　最近、年齢のためだろうか、体重が増えてきた。3年前と比較すると5キロは増えている。そんなとき、3か月後に人前に出るイベントでのスピーチを頼まれた。それまでには元の体重に戻したいと考えている。なので、目標は3か月で5キロを痩せること。今まで、経験のない減量である。まったくイメージがわかない。そこで、経験則にとらわれず、あらゆる方法を検討してみることにした。

　（問題解決の３ステップを軸に、ロジックツリーを活用して回答を導き出してみてください）

〈※シンキングタイム〉

　解説に進む前に、これまでに学んだ内容を踏まえて、ロジックツリーと問題解決の３ステップを実践してみてください。「問題・課題・解決策」という流れで発想すると、具体的に打つ手が見えてくるかと思います。

チャレンジ　ロジックツリーを作ってみよう

図5-1　改善の余地がある回答例

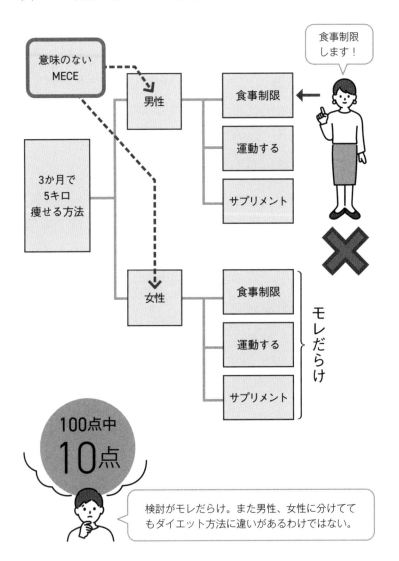

　この回答例のミスは、いきなり「男性」「女性」で分けてしまっていることです。痩せる方法を考える際、「男性」「女性」と分けることの意味はそれほどありません。加えて、「食事制限」、「運動」、「サプリメント」は同列の階層ではなく、その結果として多くの「モレ」が発生しています。

　では、なぜこのようなロジックツリーとなってしまうのでしょうか。その理由は、**論点を考えずに、頭によぎった要素をいきなり並べているためです。そうではなく「解決の条件（痩せる条件）」から考えるようにして**ください。

　なかなか上手くいかない場合は、ボトムアップアプローチを使うこともオススメです。痩せる方法を出し尽くした上で、グルーピングを行い、並び替えをする。そうすることで、モレていた要素にも気付けるようになるでしょう。

図5-2　改善の余地がある回答例

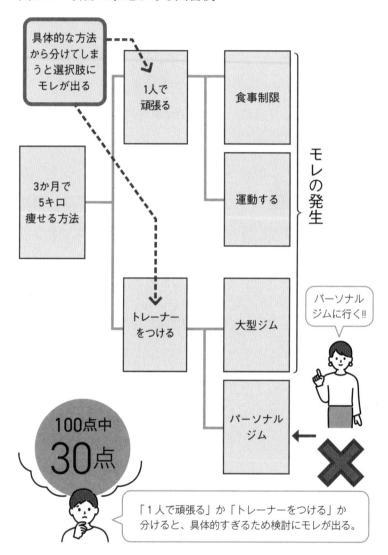

具体的な方法
から分けてしま
うと選択肢に
モレが出る

3か月で
5キロ
痩せる方法

1人で
頑張る

食事制限

運動する

トレーナー
をつける

大型ジム

パーソナル
ジム

モレの発生

パーソナル
ジムに行く!!

100点中
30点

「1人で頑張る」か「トレーナーをつける」か
分けると、具体的すぎるため検討にモレが出る。

　この回答例では、MECEに分けるルールを使っている（ペアで発想）ものの、**ただ思い付いたまま並べてしまっています。その結果として、多くの「モレ」が発生し**ています。

　改善策としては、やはり解決志向（痩せるにはどうしたらいいか？）で考えてみると良いでしょう。そうすると、「1人で頑張る」「トレーナーをつける」というのは、あくまでも運動における手段であり、他の方法もあることがイメージしやすくなると思います。具体的には、「カロリー摂取」「消化促進」「医療に頼る」などもあるはずです。

　それでも上手くいかない場合は、ボトムアップアプローチで要素をピックアップすることからはじめましょう。徹底的に要素を抽出してみることで、モレている要素に気付きやすくなります。

図5-3　惜しい回答例

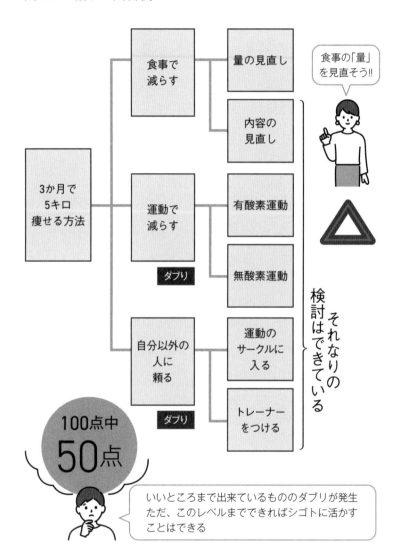

　こちらの回答例は、ロジックツリーが理解できている点はOKです。仕事において、物事をある程度ロジカルに整理することができるでしょう。

　ただ、思考が整理できていないため「ムダ」が発生しやすい点に注意が必要です。事実、**階層が揃っていないために「ダブり」が発生**しています。★の「自分以外の人に頼る」をここに入れると、※「運動で減らす」こととダブってしまいます。

　このようなロジックツリーになってしまう場合は、階層が揃っているのかを検証しつつ、MECEを意識して丁寧にまとめていくようにしましょう。

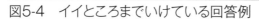

図5-4　イイところまでいけている回答例

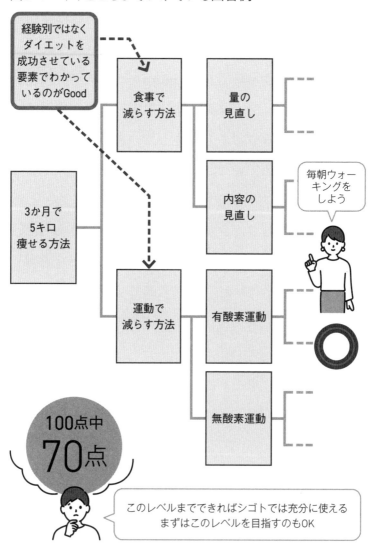

　この回答例は、ロジックツリーについて理解し、それを適切にまとめられている点はOKです。**ロジカルシンキングの基礎は身についていると言える**でしょう。

　一方で、**「新たな方法」にまで踏み込んだ活用はできていません**。事実、「医療に頼る方法」「運動をしない方法」等の可能性を考慮できていないのがモレになります。

　対策としては「他にないだろうか?」という視点で検証すること。その上で「見たことのない方法も検討に加える」「普段からのインプットを増やす」「第三者に聞く」などの工夫を重ねていきましょう。

最後は模範解答例です。MECEで分類していくと、これだけ多くの対策候補を抽出することができます。分類し、できることを組み合わせながら取り組んでいけば、より効果のある方法を導き出せることでしょう。

図5-5　理想的な回答例

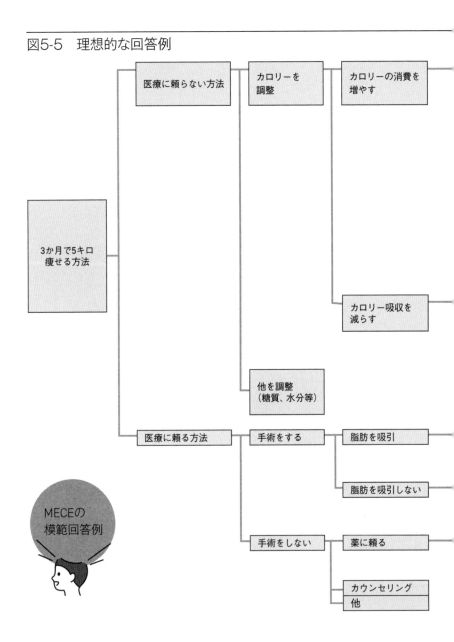

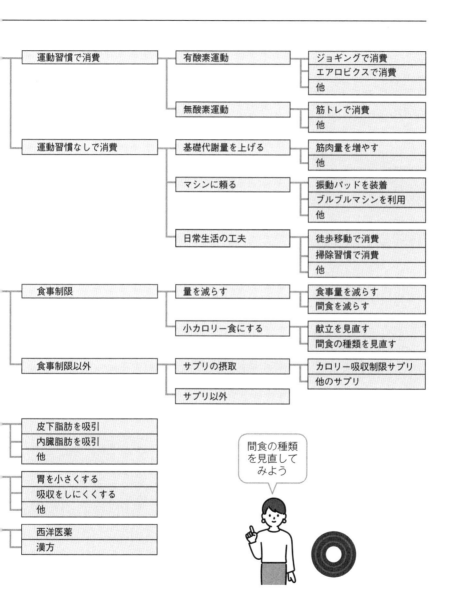

職場での説得力を高める！
ロジカルシンキング
実践編

最終章となる第六章では、これまでに学んできたロジカルシンキングの基本テクニックである、「ロジックツリー」と「問題解決の３ステップ」を活用し、現場で実際に使うためのコツを紹介していきます。

　ここまでの内容で、その概要と実例におけるロジカルシンキングの基本はマスターできたかと思います。わからないところやよく理解できていないところがあれば、該当箇所に戻って繰り返し読み、手を動かしてみてください。

　もちろん、ロジカルシンキングのテクニックは、一度マスターしたとしても終わりではありません。何度も練習しながら、日々そのスキルを高めていくことで、よりスピーディーかつレベルの高い論理的思考が可能となります。

　練習は必要となりますが、第五章までの内容を理解できている方であれば、思考の流れはおおむねイメージできるはずです。その状態で身の回りの物事を思考してみるなど、手足のように動かせるまでトレーニングしてみてください。

　大切なのは、どのようなシーンでも自然にロジカルシンキングを実践できることです。つまり、「例題」があってはじめて意識的にロジカルシンキングをスタートするのではなく、普段の仕事や生活の中で言われなくても実践できる状態が理想です。

　そのような状態がつくれてはじめて、ロジカルシンキングが血肉化していると言えます。もっとも、ときには経験則がものを言うこともありますので、状況に応じて、選択的に思考法を使い分けられるのがベストでしょう。

　さて、とくに仕事でロジカルシンキングを使う場合には、次のようなシーンでの活用を想定しておきましょう。これらは、さまざまな業務やシーンにおいて、欠かすことのできないものとなります。

・ディベート＝話す

・企画書作成＝書く

・プレゼンテーション＝提案する

・ファシリテーション＝促す

見ていただくとわかるように、以上の4つは、いずれも"自分から能動的に働きかける行為"となります。それだけに、ロジカルに考えて「話したり、書いたり、提案したり、促したりしているかどうか」が如実に出ます。

　そして、それを判断するのは受け取る相手です。そもそもロジカルシンキングは、それを受け取った人（自分自身を含む）に納得してもらってこそ意義があります。ですので、とくに自分から積極的に行動できるシーンで、いつでも使えるようにしておきましょう。

　能動的なシーンでロジカルシンキングが行えるようになれば、「聞く」「読む」「提案を受ける」などのシーンにおいても、得られた情報が論理的に整理されているかどうかを判断できます。自分で使えるからこそ、評価できるというわけです。

　ただし、むずかしく考える必要はありません。いずれのシーンでも、問題解決の3ステップに則って思考し、それぞれの段階でロジカルツリーを描いていけばいいだけです。つまり、これまでに学習した基本から

逸脱することはありません。

　あとは、アウトプットの仕方として、それを言葉で話すのか、文章に書くのか、プレゼンテーションとして提案するのか、あるいは会議等でファシリテーションするのかの違いしかありません。ですので、ここまでの内容を理解できている人であれば、問題なく実施できるかと思います。

　とくに重要なのは、いずれのシーンでもきちんと論理的に発想し、その内容を自分でチェックしてみること。そうした行為によって、スキルはどんどん高まっていきます。いずれ、あらゆるシーンで自然とロジカルな発想ができるようになるでしょう。

　では、それぞれのシーンにおけるポイントについて確認していきます。

①ディベート編（話す）

　上司や部下に対し、ロジカルシンキングを活用して会話（発話）をする場合は、頭の中で問題解決の３ステッ

プを組み立てる必要があります。即興性が求められるため、ロジカルシンキングを使い慣れておくことが大切です。

　たとえば、上司から「君は我が社の現状 (売上、コスト、競合他社、残業など) についてどう思うかね？」「どうすればより良くなるか提案してほしい」と言われた場合。頭の中で、ロジックツリーを描きながら問題解決の３ステップを確認していきます。

　具体的には、次のような流れです。

１．**問題の所在を明らかにする** (前提としてこういう問題があります)

２．**課題を共有する**(そのうち、クリアするべき課題はこれです)

３．**対策について議論をする** (具体的な対策としては……)

　「問題の所在を明らかにする」とは、まさに現状分析です。すぐに返答しなければならない場合は、頭の中にWhatツリーを描き、「売上が低い理由」などのテーマを掲げ、製品・サービス、あるいは部署ごとの現状をざっと分析してみると良いでしょう。

　次に「課題を共有する」についてですが、こちらも

同様にWhyツリーを活用しながら、あたりをつけた問題に含まれる課題を抽出していきます。「なぜ」で分岐させていき、クリティカルな要素を導き出すのがポイントです。

最後に「対策について議論する」ですが、これは問題・課題を踏まえた上で、どのような解決志向型の対策があるのかをピックアップし、それらを提示したり、比較したりしながら自分の意見を述べると良いでしょう。

基本的な流れとしては、以上のような手順となります。とくに会話においてはシンプルに表現するのがポイントです。相手がきちんと理解できるよう、問題解決の3ステップを端的にまとめ、できるだけわかりやすく表現しましょう。

状況にもよりますが、簡単な会話の場合は、本書の例題で見てきたような手順をすべて披露する必要はありません。話が長くなってしまいますし、全体を表現するのはむずかしいためです。

そこで、「問題・課題・解決策」について、それぞ

れ簡単に解説を加えつつ、解決志向で話を進めていくようにしてください。そのように相手と"思考過程"だけでも共有しておくと、ロジカルな対話がしやすくなります。

いくら上司とは言え、相手がロジカルに思考する人とは限りません。ですので、相手のロジカルレベルを確認しながら、必要に応じてどこまで説明するのかを微調整しながら、できるだけ丁寧に会話を進めていきましょう。

頭の中でロジックツリーを描いたり、問題解決の3ステップを確認できたりすると、会話は自然とロジカルになります。**すぐに言葉が出てこない人は、テンプレートのようなかたちで、何を話せばいいのかをまとめておくのもオススメです。**

例

1. まず、我が社の現状を整理すると、○○の問題があります。

2. そのうち、対処すべき課題は○○です。なぜなら

……

3．問題と課題を踏まえて、取るべき対策は○○だと
　思います。その理由は……

②企画書作成編（書く）

　企画書をはじめとする文章を書く場合にロジカルシンキングを用いる際は、問題解決の３ステップの手順に沿うかたちで「項目をつくる」イメージを持つと良いでしょう。この場合の項目とは、文章の"構成"や"骨組み"のようなものです。

　論文やレポートをイメージしてもらうとわかりやすいのですが、ある程度の長さがある文章には、各段階に項目（見出し）を設けた構成があります。そうすることで、論理的に文章を展開しやすくしているのです。

　そうした工夫を、ぜひ企画書をはじめとする文章にも応用してみましょう。書きながら修正や加筆ができるぶん、話すことよりも精度を高めやすいのが特徴です。これまでに学んだことを活かし、まずは文章に項

目をつくっていきましょう。

　具体的には、次のような項目を設けていきます。

１．○○における問題点

２．問題から抽出した取り組むべき課題について

３．具体的な解決策の候補と最善策

　このように、あらかじめ文章を書く際に項目を用意しておけば、その流れにそって必要な情報を文章として書き上げることで、より説得力のある企画書やレポートを作成できるようになります。

　もちろん、事前の問題解決の３ステップを実践し、それぞれロジックツリーをつくっていれば、その情報がそのまま活用できます。つまり、「問題」「課題」「解決策」について、検討した道筋を文章として示すことができるのです。

　そこでも重要なのが、MECE（モレなくダブりなく）の発想です。あらゆる視点から検証し、現状、取り組むべき課題、具体的な解決策の候補を提示していけば、文章は論理的になり、自然と説得力をもってきます。

　一方で、物事を一面的にしか見ていなかったり、経

験則や独断で判断したりしていると、モレやダブリが生じ、説得力のある内容にはなりません。だからこそ、MECEを基本とするべきなのです。

　普段から文章を書き慣れていない人の場合、最初から長文を書くのはむずかしいと思います。そこで、まずは問題解決の３ステップで抽出した要素を並べ、それを文章化することからはじめていきましょう。

　もっともシンプルな項目としては「①現状の問題」「②問題を踏まえた課題」「③取り組むべき対策」という3点です。これらを項目（見出し）として並べ、中身を埋めていけば、ロジカルシンキングの文章化が実現できます。

　あらかじめ書くべき“材料”が用意されていれば、最初はそれらを“箇条書き”で並べていくだけでもいいでしょう。その後、文章にするべく必要な言葉を補っていけば、長文を書く際の負担を軽減できます。

　はじめのうちは短い文章でも構いません。練習を重ねていくことで、少しずつ長文を書けるようになります。ロジカルシンキングを活用すれば、少なくとも書

くべきことが３つはあるため、そこから徐々に分量を増やしていきましょう。

③プレゼンテーション編（提案する）

　プレゼンテーションにおいても、問題解決の３ステップやロジックツリーが活用できます。その点、「話す」「書く」と同じように、ロジカルシンキングやその土台であるMECEを意識して実施すると良いでしょう。

　ただ、とくにプレゼンテーションで重要なのは、「それで、どうしたいの？」「ポイントを絞ってくれないか？」「話のロジックがわからない」などと言われないことです。そうしたツッコミに対し、あらかじめ対処しておくのがポイントとなります。

　対策としては、本書で紹介したロジックツリーを活用するのがオススメです。とくに、**プレゼンテーションに用いたいのは、ロジックツリーの応用である「ピラミッドストラクチャー」**となります。

　ピラミッドストラクチャーとは、伝えたい「結論」と「その根拠」をピラミッド状に図式化したフレームワークのことです。言い換えると、結論の正しさを証明する根拠を整理するためのツールとなります。

　このピラミッドストラクチャーは、ロジカルシンキングの本などでよく出てくるため、ご存知の方もいるかと思います。ただ、考え方が少しむずかしいため、本書では積極的に取り上げていませんが、「ロジックツリーを応用したもの」ぐらいに捉えておくと良いでしょう。たとえば、次のような図で表されます。

図6-1　ピラミッドストラクチャー

結論を主張します。その理由は**根拠１**と**根拠２**です。
以上のことから、**結論**が最適と考えられます。

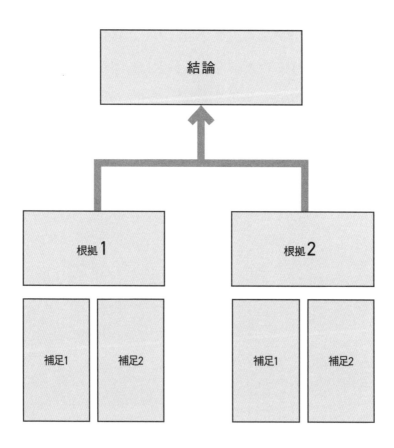

　仕組みとしては、ある結論を主張するために、その根拠となる要素をいくつか提示し、それぞれについて補足情報を加えていくような流れです。構成要素は「結論」「根拠」「補足」の３つだけです。

　これらの要素を活用し、プレゼンテーションをはじめとする「何らかの結論を主張」したいときにツールとして役立てます。結論と根拠を丁寧に説明することで、要点を的確に伝えられるのがポイントです。

　一方でロジックツリーは、物事を構成要素に分解し、問題の原因や解決策を導く際に活用します。つまり「検討・思考」の際に使われることが多いものとなります。ただ、いずれもロジカルシンキングのツールであることには変わりありません。

　両者の特徴を踏まえると、問題解決の３ステップでロジックツリーを使いながら現状を分析しつつ、最終的な結論（対策）の提示シーンでピラミッドストラクチャーを併用していくのがオススメと言えるでしょう。

　参考までに、ピラミッドストラクチャーでプレゼンテーションを実施する際の流れを紹介しておきます。

大きく「結論（メインメッセージ）」「根拠（サブメッセージ）」「補足（事実）」に区分されています。

　先にこのような図を作成し、それをもとに説明する順番や内容を整えていきます。プレゼンテーションを可視化できることは大きな強みとなるでしょう。また、話の流れをわかりやすく３つにステップ化すると、次のような流れになります。

１．最初に結論を述べる

２．結論の根拠とその中身について説明する（複数ある場合は順番に紹介）

３．あらためて結論を提示する

　たとえば、「離職率を予防するには」というテーマでピラミッドストラクチャーを活用するとどうなるでしょうか。話の順番は上記のように、「結論」「根拠と補足（事実）」「再結論」となります。

　一例を挙げると、次のような組み立てが考えられます。

（結論）

　離職率を予防する、最善の方策は教育制度を整えることだと考えています。

（根拠1）

　その根拠の1つは、従業員へのアンケートを検証したころ、「スキルアップ」への渇望感が明確にあったからです。

（補足1）

　離職予備軍となる、モチベーションが低位のメンバー層の声を抽出してみました。すると、最も多かった声が、「研修をしてほしい」という声だったのです。実際、各組織長に確認をしました。すると、入社時に導入研修をし、そのあとは研修を行っていない現状とのことでした。さらに、ほぼ全員の組織長から、リモートワークが増えたため、相談しにくくなっているとの声も寄せられています。

（根拠2）

　もう1つの根拠は、商品ラインナップが複雑になっていることが原因なのですが、メンバーのスキルが追い付いていない現状もあります。

（補足2）

　実際、昨年と比較すると、提案のオプションが5倍に増えています。ロープレをしてもらったところ離職予備軍となる層の8割が、うまく提案できていませんでした。さらに、新しいオプションは、新しい技術を活用したサービスですので、彼らから、自信がないとの声もありました。

（再結論）

　ですので、まず、離職率を予防する方法として、早急に教育制度を整えることが、ベストではないかと考えております。

図6-2　ピラミッドストラクチャーで伝えると…〈参考〉

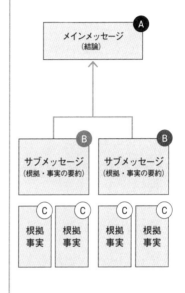

Ⓐ 離職率を予防する、最善の方策は教育制度を整えることだと考えています。

Ⓑ その根拠の1つは、従業員へのアンケートを検証したところ、「スキルアップ」への渇望感が明確にあったからです。

Ⓑ 離職予備軍となる、モチベーションが低位のメンバー層の声を抽出してみました。
すると、最も多かった声が、「研修をしてほしい」という声だったのです。

Ⓒ 実際、各組織長に確認をしました。すると、入社時に導入研修をし、そのあとは研修を行っていない現状とのことでした。

Ⓒ さらに、ほぼ全員の組織長から、リモートワークが増えたため、相談しにくくなっているとの声も寄せられています。

Ⓑ もう1つの根拠は、商品ラインナップが複雑になっていることが原因なのですが、メンバーのスキルが追い付いていない現状もあります。

Ⓒ 実際、昨年と比較すると、提案のオプションが5倍に増えています。ロープレをしてもらったところ離職予備軍となる層の8割が、うまく提案できていませんでした。

Ⓒ さらに、新しいオプションは、新しい技術を活用したサービスですので、彼らから、自信がないとの声もありました。

Ⓐ ですので、まず、離職率を予防する方法として、早急に教育制度を整えることが、ベストではないかと考えております。

プレゼンテーションを実施する際は、ぜひ上記のような流れで話を組み立ててみてください。そうすることによって、「それで、どうしたいの？」「ポイントを絞ってくれないか？」「話のロジックがわからない」などのツッコミを未然に回避することができるかと思います。

④会議のファシリテーション編（促す）

　ロジカルシンキングを活用して会議の「ファシリテーション」を実施することは、これまでに紹介してきた「ロジカルに話す・書く・提案する」ことの応用編かつ発展編となります。

　そもそもファシリテーションとは、会議、打ち合わせ、商談などにおいて、その進行を円滑にし、成果の最大化を図るための進行スキルのことです。次のような効果が期待されます。

・納得できる合意形成の実現

・話し合いの効率化

・革新的なアイデアの創出

・参加者のモチベーションアップ

　さて、その中において司会者（ファシリテーター）がまず意識するべきなのは、「導入」「進行」「収束」という流れです。それらの流れを踏まえつつ問題解決に導くのが、ファシリテーションの基本となります。

　3ステップという意味では、ロジカルシンキングを活用した問題解決の手順に似ています。ですので、本書の内容をマスターしている方であれば、すぐにファシリテーションにも応用できるかと思います。

図6-3　時間内に結論を得る「ファシリテーション」の流れ

・「導入」「進行」「収束」の3ステップで考える。
・ステップごとの各ポイントを押さえる。

●時間内に密度の高いミーティングにするための全体図

STEP	POINT
導入	・ゴールを決める ・アジェンダ、タイムキーパーを決める
進行	・全員が会話をしている状態を作る ・質問によって、話しを深める ・議論を可視化する（スクライブ）
収束	・ゴールに到着させる ・進め方を決める

　まず、あらゆる会議にはゴールがあるべきです。そのゴールを設定することが最初のファシリテーション業務となります。たとえば「残業を減らすにはどうすればいいか？」などのテーマを設定します。

　その上で、アジェンダの策定と時間配分を行います。ここで問題解決の３ステップを応用するとすれば、「制限時間は40分なので、最初の5分で目的・進め方を確認し、10分で事実と問題点を抽出、10分で課題を設定し、残りの15分で解決策を決めていきましょう」などとなります（この段階でタイムキーパーも決めておきます）。

　次に「進行」においては、全員に話が振られている状態が理想です。そこで、メンバー間やファシリテーターとの対話がない状態を回避するべく、議論を可視化し、質問によって話を深めていきます。

　代表的な質問は次の3種類です。

・「具体的には？」（具体的なイメージが持てるように）

・「どうして、そう思うのですか？」（発言の真意を理解できるように）

・「他にはありますか？」

　最後に「収束」についてですが、ここでやるべきなのは「進め方を決める」「ゴールに到達させる」の2点です。

　そのうち進め方については、「5W1H」を意識しながら、ヌケやモレがないようしておくことが大切です。ご存知かと思いますが、5W1Hに含まれる要素には次のようなものがあります。確認しておきましょう。

・「When：いつ」
・「Where：どこで」
・「Who：だれが」
・「What：何を」
・「Why：なぜ」
・「How：どのように」

　また、ゴールに到達させる際のポイントとしては、主に次のようなものが挙げられます。

・「決める」ための基準を決める（議論が迷走しないよう）

　「候補から→絞る」際の基準を決めておく。

　（例）「効果性、コスト面、実行性」の観点で決める

・残り時間を明確にする

　（例）「あと5分で何が何でも決めよう！」

・それでも決まらなかったら？

　①別のテーブルで決める

　②ある１つの方法を試してみることを決める

　以上が、ファシリテーションの基本的な流れとなります。それぞれの要点を押さえつつ、ロジックツリーや問題解決の３つのステップを応用していくことで、より望ましいファシリテーションができるようになります。

以上が、ロジカルシンキングの実践編となります。

　とくに本書では、正しい考え方や方法論を中心に、ロジカルシンキングの基礎を学んできました。ただそれらは、実践で使ってこそ意味があるものです。ぜひ、仕事や生活の中で積極的に活用していきましょう。

おわりに

　本書を最後までお読みいただき、誠にありがとうございました。読みはじめる前より、少しでもロジカルシンキングの世界を身近に感じていただけたら、著者としてとてもうれしく思います。

　本文でもくり返し述べてきたように、ロジカルシンキングは決してむずかしいものではありません。とくに頭のいい人や突出した才能をもつ人だけが使えるような、特別なものではないのです。

　むしろ、ちょっとがんばって勉強しさえすれば、誰でもその入り口に立つことができます。もちろん、本書で紹介した内容をマスターできた方であれば、すぐにでもその効果を実感できることでしょう。

　「まだちょっとむずかしいな……」と思う人は、あらためて「限りなく正解を求めなければ」「絶対に答えを出さなければ」といった発想から自由になり、ぜひ気楽な気持ちで本書を読み直してみてください。

　１００点満点でなくても構いません。完璧を求める

必要はないのです。本書で紹介したロジックツリーに関しても、問題解決の３ステップにしても、１００点ではなく、７０点のレベルをマスターしていればそれで十分です。

その段階ですでに、実践で使えるレベルをクリアしています。あとは、現場でどんどん使っていきましょう。使えば使うほど、ロジカルシンキングのスキルは向上していきます。あせる必要はありません。

現段階では「ロジックツリーがうまく書けない……」と感じている人も、今はそれでも問題はありません。大切なのは、経験則だけで発想するのではなく、ロジカルに考えるという姿勢そのものです。

その前提をふまえて、ロジックツリーを何度も作成していれば、物事を整理したり、分類したり、そこから最適解を導き出すことも自然とできるようになります。それが、ロジカルシンキングのはじまりなのです。

「はじめに」でもふれていますが、私自身、もともとは文系の人間で、ロジカルシンキングが苦手でした。けれど、学び続けたために、いまではロジックツリー

や問題解決の３ステップが自然と使えるようになりました。

　ですので、あなたも必ずできるようになります。まずは、２つのテクニックだけをマスターすることに注力してみてください。それだけでOKです。大変なのは最初だけ。慣れてしまえば、きっと自由にロジカルシンキングを使いこなせることでしょう。

　最後になりますが、もし、ロジカルシンキングについてさらに学びを深めたいという方は、「Udemy」や「YouTube」で動画講座を配信していますので、ぜひそちらにも足を運んでみてください。

　書籍の内容を復習したり、好きな時間に学習したりなど、さまざまな使い方ができると思います。本書とあわせて、引き続き、ロジカルシンキングのトレーニングを進めていきましょう。

　ぜひ、書籍や動画コンテンツによって、一人でも多くの方がロジカルシンキングへの苦手意識をなくし、現場で使えるようになったとしたら、著者として望外の幸せです。

・「Udemy」

これだけやれば完璧！ロジカルシンキング入門講座

https://www.udemy.com/course/mruuklnu/
?referralCode=DBD6FF45659B519EB7E5

・「YouTube」

「ロジカルシンキング」のコツ

https://www.youtube.com/watch?v=AXAv
m3O6utQ&list=PL2ZL9QKV-hkkRNjesQgYt
DYj90R4HSF2n

memo

memo

memo

memo

【著者】

伊庭正康 <small>（いば・まさやす）</small>

"一般論ではなく、実践的でスグに使える"、"学ぶだけでなく、明日からの元気が出る"ことをモットーにした研修のリピート率は95％。

1969年京都生まれ。1991年リクルートグループ入社（求人情報事業）。営業職としては致命的な人見知りを4万件を超える訪問活動を通して克服。

その後は、リクルート社においてプレイヤー部門とマネージャー部門の両部門で年間全国トップ表彰4回を受賞、また40回以上の社内表彰を受け、営業部長、（株）フロムエーキャリアの代表取締役を歴任。リクルート流の「圧倒的な当事者意識」を持つ組織作り、人材育成法を会得。

2011年、研修会社（株）らしさラボを設立。リクルートで学んだ「圧倒的な当事者意識」を持つこと、「期待に応えるだけではなく、期待を超える」ことの大切さを説くべく、リーディングカンパニーを中心に年間200回を超えるセッションを行っている。

頭がいい人の思考術
日本一やさしいロジカルシンキング

2023年7月20日　初版第1刷発行

著　者　　　**伊　庭　正　康**

発行者　　　**中　野　進　介**

発行所　　**株式会社 ビジネス教育出版社**

〒102-0074　東京都千代田区九段南4-7-13
TEL 03(3221)5361(代表)／FAX 03(3222)7878
E-mail ▶ info@bks.co.jp　URL ▶ https://www.bks.co.jp

印刷・製本／ダイヤモンド・グラフィック社
ブックカバーデザイン／飯田理湖　本文デザイン・DTP／ダイヤモンド・グラフィック社
落丁・乱丁はお取替えします。

ISBN978-4-8283-1014-5